歴史文化ライブラリー

215

安倍晴明

陰陽師たちの平安時代

繁田信一

吉川弘文館

目　次

安倍晴明に関する最大の謎――プロローグ

今も手つかずの謎

なぜ安倍晴明は陰陽師になったのだろうか。

この本を手にされた方々ならば、「安倍晴明《あべのせいめい》」という人物が「陰陽《おんみよう》師《じ》」と呼ばれる存在であったということは、すでにご承知であろう。そう、われわれの知る安倍晴明は、古今東西においてもっとも著名な陰陽師である。そして、この程度のことは、安倍晴明に興味をお持ちの読者諸氏にとっては常識に属する事柄であるに違いない。

では、その安倍晴明が陰陽師になった背景について、あるいは、彼が陰陽師となることを選んだ理由について、われわれはどれほどのことを知っているだろうか。

世に溢《あふ》れるいわゆる「晴明本」の数々を読み漁《あさ》ったところで、安倍晴明という人物が陰陽師となることを選んだ理由を知ることはできない。すでに氾濫しているようにさえ見えるほどに数多くの晴明本が出版されているにもかかわらず、そのいずれからも〈なぜ安倍晴明は陰陽師になったのか〉という疑問に対する解答を見出すことはできないのである。いや、これまでの晴明本は、この疑問への解答を提示してくれないどころか、右の疑問を疑問として扱ってさえいない。

ということは、今までのところ、誰も〈なぜ安倍晴明は陰陽師になったのか〉という疑問を抱かなかったということになる。したがって、〈なぜ安倍晴明は陰陽師になったのか〉というのは、手つかずの謎だということになるだろう。

そして、『安倍晴明――陰陽師たちの平安時代――』と題する本書の課題は、これまで手つかずになってきた〈なぜ安倍晴明は陰陽師になったのか〉という謎を解明することにある。すなわち、安倍晴明が陰陽師となった事情や背景を明らかにすることこそが、この本の目的なのである。

安倍晴明ブーム

安倍晴明という陰陽師に関心を持つ人々が急速に増え出したのは、一九九〇年代の中頃からであったろうか。いわゆる「安倍晴明ブーム」が到来したのは、その頃のことであったように思う。

そして、このブームの呼び水と見なされることが多いのが、安倍晴明を主人公とした夢《ゆめ》枕《まくら》獏《ばく》氏の小説である。その『陰陽師《おんみようじ》』と題する小説は、マンガ化されたかと思いきや、テレビドラマ化され、ついには映画化までされた。しかも、映画『陰陽師』は続編が作られるほどに好評であったようだから、多くの方が何かの機会にご覧になっているのではないだろうか。ともかく、夢枕氏の小説が安倍晴明ブームの勃興《ぼっこう》と大きく関わっていることは間違いない。

ただし、国文学者の田中貴子《たなかたかこ》氏に言わせれば、安倍晴明ブームの下地を作ったのは、一九八〇年代に登場した荒俣宏《あらまたひろし》氏の『帝都物語《ていとものがたり》』という小説であったらしい（田中『安倍晴明の一千年』）。この小説はすでに一九八〇年代のうちに映画化されており、そちらをご覧になったことのある方も少なくないのではないだろうか。

その荒俣氏の『帝都物語』では、陰陽の術を操る怪人物が、後に「関東大震災」と呼ばれることになる大地震を引き起こし、帝都東京を壊滅させようとする。もちろん、物語の舞台が戦前の東京であるため、そこに安倍晴明が登場することはない。しかし、田中氏の指摘するように、この小説が陰陽師や陰陽道《おんみょうどう》というものの知名度を高めたことについては、疑いを差し挟む余地はないだろう。

また、私自身の見解では、荻野真《おぎのまこと》氏の『孔雀王《くじやくおう》』というマンガも、安倍晴明ブームの興隆に小さからぬ影響を与えていた。少なくとも、「安倍晴明ブームの下地を作った」という点では、このマンガの果たした役割は大きなものであったはずである。

この作品の主人公は退魔を使命とする密教僧であるが、そのライバルの一人が式神《しきがみ》（作中では「式鬼《しき》」と呼ばれるが）を操る呪術者なのである。某青年誌で『孔雀王』の連載が開始されたのが一九八〇年代の前半であったことを考えると、式神というものを広く世に知らしめたのは、おそらく、この『孔雀王』であったろう。そして、先年の安倍晴明ブームにおいて「式神」がキータームの一つとなっていることは言うまでもない。

ブームの置土産

いずれにせよ、一九九〇年代からの安倍晴明ブームを背景として、これまでにも、安倍晴明に関する著作物が数多く刊行されてきた。そして、そうしたいわゆる「晴明本」の普及により、今では安倍晴明という大昔の陰陽師について、実に多くのことが広い範囲の人々に知られるようになっている。とくに、安倍晴明が千年ほど前の日本において人々から一目も二目も置かれた優秀な陰陽師であったということは、今や一般常識になりつつあるようにさえ見受けられる。

しかし、そうしたブームの中で醸成された一般常識には、問題がないわけではない。

ブームに乗って続々と発刊された晴明本を見ると、その多くは、安倍晴明および陰陽師を、強大な力を持つ「超人」あるいは「異能者」に仕立て上げてしまっている。しかも、非常に困ったことに、安倍晴明や陰陽師の超人ぶりや異能者ぶりを吹聴する晴明本の幾つかは、「大学教授」の肩書をお持ちの研究者によって書かれたものであったりする。その結果、晴明本の読者の多くが、超人あるいは異能者としての安倍晴明像や陰陽師像を受け入れることになってしまったのであり、かつ、そのような歪《ゆが》んだ安倍晴明像や陰陽師像こそが、世間に流布《るふ》する一般常識となってしまったのである。

そして、安倍晴明を超人や異能者と見なす常識は、人々が安倍晴明の人間としての側面に関心を向けることを阻《はば》んできたように思われる。〈なぜ安倍晴明は陰陽師になったのか〉というきわめて基本的な事柄がこれまでまったく問題にされなかったことなどは、そのもっともわかりやすい例であろう。もし安倍晴明が一人の人間であることが前提とされていたならば、晴明が陰陽師になった背景くらいは、とうに解明されていたに違いない。

「安倍の童子」の出世

ところで、江戸時代の寛文《かんぶん》二年（一六六二）に刊行された『安倍晴明物語《あべのせいめいものがたり》』という作者不明の仮名草子《かなぞうし》によれば、安倍晴明が陰陽師として活躍するようになった契機は、村上《むらかみ》天皇を苦しめる難病の原因を看破して天皇の生命を救ったことにあった。

誰にも原因を突き止めることのできない不可解な病気が村上天皇を重く悩ませていた折、鳥獣の話す言葉を理解する晴明だけが、烏《からす》たちの会話から天皇の病気の原因を知ることができたのである。そして、この手柄を認められた晴明は、易暦博士《えきれきはかせ》および縫殿頭《ぬいどののかみ》の官職を与えられ、都で陰陽師として活動することになったのであった。また、彼の「晴明」という名も、このときに村上天皇から与えられたものだという。

こうして宮中に出入りする陰陽師として「安倍晴明」と名乗るようになる以前の晴明は、摂津国《せっつのくに》の安倍野《あべの》（阿倍野）の地に住み、「安倍《あべ》の童子《どうじ》」と呼ばれていた。その安倍の童子の父親は、名を安倍保名《やすな》といい、安倍仲麿《なかまろ》（阿倍仲麻呂）の子孫であった。そして、『安倍晴明物語』の語るところでは、この仲麿を祖先に持つことが、安倍の童子の将来に大きな影響を与えることになるのである。

歴史上に実在した阿倍仲麻呂という人物は、養老《ようろう》元年（七一七）に遣唐留学生《けんとうりゅうがくしょう》として渡唐《ととう》しており、かの玄宗《げんそう》皇帝にも重用されて帰朝することなく唐土で没している。しかし、『安倍晴明物語』の語るところによると、安倍仲麿が異国に客死することになったのは、玄宗皇帝の意に従わなかったことで帰朝を許されず、みずから食を断ったためであった。

それゆえ、仲麿は死後に赤鬼となったが、仲麿が死んだ翌年に遣唐使として入唐した吉《き》備大臣《びのだいじん》（吉備真備《きびのまきび》）は、彼を殺す口実を探す玄宗皇帝から難題を課されるたび、赤鬼となった仲麿に助けられることになる。そして、仲麿の助力を得ることのできた吉備大臣は、ついには玄宗皇帝を感服させることに成功し、無事に帰朝するのであった。しかも、彼は皇帝より数々の宝物を賜《たまわ》ったという。その中には、『三国相伝《さんごくそうでん》陰陽《おんみょう》輨轄《かんかつ》簠簋《ほき》内伝《ないでん》金烏《きんう》玉《ぎょく》兎集《としゅう》』という陰陽道の秘伝書も含まれていた。

そうした経緯があって唐土より帰朝した吉備大臣は、大恩ある仲麿の子孫を安倍野の地に訪ね、玄宗皇帝から授かった『三国相伝陰陽輨轄簠簋内伝金烏玉兎集』を託す。そして、最初に安倍の童子を陰陽道へと導いたのは、この書物であった。

「安倍の童子」の血筋

その『三国相伝陰陽輨轄簠簋内伝金烏玉兎集』は、略して『簠簋内伝金烏玉兎集』『簠簋内伝』『簠簋』などと呼ばれることが多いが、同書を吉備大臣より直接に受け取ったのは、安倍の童子の父親の安倍保名であった。が、その保名が『簠簋内伝』に興味を示すことはなく、せっかくの秘伝書も安倍の童子の眼に留まるまでは無用の長物となっていたという。

そうした状況であったから、安倍の童子は、自宅で見つけた『簠簋内伝』を読むにして

も、父親を頼ることはできなかった。結局、彼はまったくの独学で『簠簋内伝』を読み熟《こな》

して陰陽道の奥義《おうぎ》を習得したのである。

したがって、安倍の童子が『簠簋内伝』という陰陽道の秘伝書に接し得たことがその父方の血筋によるとしても、彼が『簠簋内伝』を誰の指導もなしに理解し得たことは、父親の血統とはまったく無関係であったことになる。そして、安倍の童子にそれを可能にしたのは、彼の母方の血筋に他ならなかった。

『安倍晴明物語』の伝えるところによれば、安倍の童子の母親は、和泉国《いずみのくに》の信太《しのだ》の森に住む狐《きつね》であったらしい。しかも、その狐というのは、「信太明神」という神の化身であったとされる。つまり、安倍の童子の母親は神だったのであり、安倍の童子は文字通りの「神童」だったのである。そして、それゆえにこそ、彼には一人で陰陽道の秘伝書を読み熟すほどの特別な能力が備わっていたのであった。

このように、『安倍晴明物語』の伝えるところに従うならば、安倍の童子を陰陽道に導いて安倍晴明という陰陽師を誕生させたのは、晴明の両親の血筋——父方・母方の双方の血筋——であった。それは、『簠簋内伝』という秘伝書をもたらした父方の血筋と、その秘伝書を読み熟す能力を与えた母方の血筋とである。

これら二つの血筋が交わることで生まれた子供であってみれば、安倍の童子が長じて陰陽師となるのは、まったく当然のことであった。すなわち、『安倍晴明物語』という仮名草子に語られる安倍晴明は、生まれながらにして陰陽師になることを運命づけられていたようなものなのである。

「安倍清明」の母親

もちろん、このような荒唐無稽《こうとうむけい》な物語をもって〈なぜ安倍晴明は陰陽師になったのか〉という疑問に対する解答と見なすことはできない。言うまでもなく、『安倍晴明物語』という仮名草子の語るところは、あくまで虚構の出来事である。それが史実からはほど遠いものであることは、とくに、神の化身の狐が安倍晴明を産んだとするところに顕著であろう。

しかし、安倍晴明を狐の子とする説は、「近世」とも呼ばれる江戸時代になって『安倍晴明物語』が刊行される以前、「中世」と呼ばれる時代の終わり頃にはすでに成立していた。『簠簋抄《ほきしょう》』というのは『簠簋内伝』（『三国相伝陰陽輨轄簠簋内伝金烏玉兎集』）の注釈書として中世の末期には成立していた書物であるが、その『簠簋抄』の冒頭に置かれた「三《さん》国《ごく》相伝《そうでん》簠《ほ》簋《き》金烏《きんう》玉兎《ぎょくと》集《しゅう》之《の》由来《ゆらい》」という文章が、安倍晴明（安倍清明）の母親は人間の女性に化けた狐であったという説を採用しているのである。

その「三国相伝甫艮金烏玉兎集之由来」によれば、安倍清明の父親は筑波山《つくばさん》の麓《ふもと》の猫島《ねこじま》という土地の人であったが、その男がどこからともなくやって来た一人の遊女との間に儲けた子供が清明であった。そして、清明を産んだ遊女の正体は、信太の森に住む一匹の老狐であり、さらには、信太明神の化身であったという。

この話の場合にも、その父親の血筋が清明のもとに『簠簋内伝』をもたらすことになるのだが、ここでは、清明がその秘伝書を読み熟したことと彼の母親が狐であり神であったこととの関係は明確ではない。むしろ、「三国相伝甫艮金烏玉兎集之由来」においては、父方の血筋が秘伝書をもたらしたことと、母方の血筋が特別な能力を与えたこととは、清明が優秀な陰陽師となったことの要因として同列に扱われているようにさえ見える。

そもそも、「三国相伝甫艮金烏玉兎集之由来」という表題からすれば、この由来記は清明の父方の血筋について述べるだけでよかったはずである。いや、『簠簋内伝』が清明を優秀な陰陽師に仕立てたということを喧伝《けんでん》することに目的があったのだとすると、むしろ、清明の母方の血筋の特異性には言及しない方がよかったようにさえ思われる。

しかしながら、事実として、「三国相伝甫艮金烏玉兎集之由来」という由来記は、清明の母親が狐であり神であったことを特筆している。ということは、この由来記が書かれた時代、安倍晴明（安倍清明）について語る際には、晴明を狐の子とする説を無視することができないような事情があったのかもしれない。要するに、安倍晴明＝狐の子ということが、当時の人々の間では常識となっていたことが考えられるのである。

「化生の者」

また、狐を母親として生まれたということにこだわらず、安倍晴明が人間の母親から生まれたのではないとする説の全般に視野を広げるならば、そうした説はすでに中世の中頃の室町時代には広く知られていたらしい。たとえば、瑞渓周鳳《ずいけいしゆうほう》という室町時代中期の禅僧は、その『臥雲日件録《がうんにつけんろく》』の名で知られる日記に次のような噂話を書き留めているのだ。

○　まだ陰陽師として都に進出する以前のこと、安倍晴明は天王寺《てんのうじ》にて二羽の烏《からす》が語り合うのを耳にした。その一羽は京都の祇園《ぎおん》から来た烏であり、もう一羽は本栖《もとす》より来た烏であった。その頃、都では天皇が重い病気に臥《ふ》していたが、そのことについて、祇園の烏は次のように言った。「内裏《だいり》の北西の方角の地中には昔から銅器が埋まっているのだが、その銅器には霊が宿っており、その霊の祟《たたり》が天皇を病気にしているのだとか」と。これを聞いた晴明が都に上って天皇を苦しめる祟を取り除くと、天皇の病気は完治したという。そして、それ以来、晴明は「天下无双《てんかむそう》の陰陽師」として知られるようになったとか。その安倍晴明には父母はなく、おそらくは「化生《けしょう》の者」である。また、晴明の墓は奥州にあるとか。

（『臥雲日件録』応仁元年十月二十七日条）

応仁《おうにん》元年（一四六七）というと、京都の町々が戦火に焼かれたいわゆる「応仁の乱」が起きた年だが、その頃の人々は、安倍晴明という陰陽師を「天下无双の陰陽師」と認めるとともに、その正体を「化生の者」と見なしていたらしい。「化生の者」というのは、要するに、化物のことである。そして、「化生の者」の安倍晴明には父親も母親もないというのが、室町時代の人々の理解であったようだ。彼らの知る安倍晴明は、人間の子ではないどころか、狐の子でさえなく、父親も母親も必要とせずに存在する化物だったのである。

しかしながら、安倍晴明は人間であった。そして、晴明には彼を産んだ両親がいたはずである。もちろん、その両親は人間であったろう。

安倍晴明に関する最大の謎

安倍晴明を「化生の者」とする説が流布した室町時代、ある系図集が編まれていった。室町時代初期の洞院公定《とういんきんさだ》によって、『尊卑分脈《そんぴぶんみゃく》』の編纂が始められたのである。そして、その『尊卑分脈』に収められた安倍氏の系図は、安倍晴明の母親に関することは何一つとして記していない。そのため、その系図からでは、晴明の母方の血筋については何も知ることができない。一方、晴明の父方の血筋については、同じ系図より、晴明の父祖には誰一人として陰陽師がいなかったことが知られる。晴明の父親とされる安倍益材《ますもと》を含め、晴明の父方の祖先は、誰も陰陽師にはなっていないのである。

こうして、『尊卑分脈』の安倍氏系図からは、安倍晴明が陰陽師を出す家系に属していたわけではないことが確認される。どうやら、『尊卑分脈』に見る限りでは、晴明は家系の都合によって必然的に陰陽師になったというわけではなかったらしい。

図1　安倍氏略系図

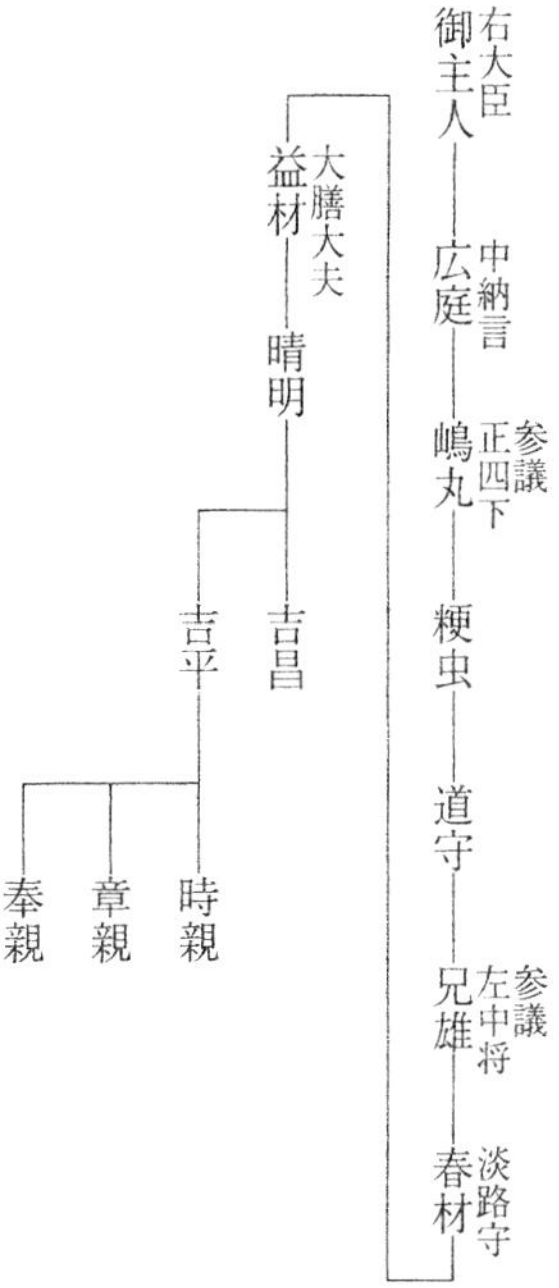

（『尊卑分脈』安倍氏系図より改作）

とすれば、安倍晴明という平安時代中期に生きた人物は、人生のどこかの時点において、陰陽師となることをみずから選んだことになろう。そして、彼がみずから陰陽師となることを選んだ理由を明らかにすることこそが、本書の目的なのである。

なお、この本においては、右の目的を果たすため、しばしば安倍晴明と同じ時代を生きた人々の残した記録を参照することになる。それは、藤原道長《ふじわらのみちなが》の『御堂関白記《みどうかんぱくき》』・藤原実資《さねすけ》の『小右記《しょうゆうき》』・藤原行成《ゆきなり》の『権記《ごんき》』・源経頼《みなもとのつねより》の『左経記《さけいき》』など、平安時代中期の上級貴族層の人々が日々の出来事を漢文で記した日記であり、歴史資料として「古記録《こきろく》」とも呼ばれる文献群である。それらの記録からは、同時代人として安倍晴明の活動を直接に見聞した人々の証言を見出すことができるだろう。

陰陽師とは何か

「陰陽師」という占い師

『古今著聞集《ここんちょもんじゅう》』という説話集は、「陰陽師《おんみょうじ》晴明《せいめい》、早瓜《はやうり》に毒気《どくけ》あるを占《うらな》ふ事《こと》」という題のもと、次のような話を伝えている（『古今著聞集』巻第七術道第九）。

瓜の毒気

ある夜のこと、御堂《みどう》関白《かんぱく》藤原《ふじわらの》道長《みちなが》のもとに、験者《げんじゃ》の大僧正《だいそうじょう》観修《かんしゅう》・陰陽師の安倍晴明・医師《くすし》の丹波忠明《たんばのただあき》・武士の源《みなもとの》義家《よしいえ》の四人が集まっていた。その晩、藤原道長は凶事を避けるために自宅で物忌《ものいみ》に籠《こも》っていたのであり、観修・晴明・忠明・義家の四人は、その道長を守るべく側近に控えていたのである。彼らは、験者・陰陽師・医師・武士として、いずれも各々の分野の第一人者であった。

そこへ奈良の某所から数個の早瓜（甜瓜《あまうり》）が届けられた。だが、物忌に籠る人がある家宅には、本来、他所《よそ》から送られてきたものを入れるわけにはいかなかった。とはいえ、せっかくの贈り物を無下《むげ》に扱うわけにもいかない。

瓜の扱いに困った藤原道長は、瓜を邸内に入れてよいかどうかを陰陽師の安倍晴明に占わせた。すると、晴明の卜占《ぼくせん》により、幾つかあった瓜のうちの一つに毒気があることが判明する。そして、晴明が毒瓜として選り分けた瓜は、験者の観修が加持《かじ》を行うと、ゆらゆらと動き出すのであった。瓜の毒気が験者の加持に反応したのである。

しかし、医師の丹波忠明が二本の針を打ち込むや、瓜はぴたりと動かなくなる。そこで、武士の源義家が刀で断ち割ってみると、瓜の中には一匹の蛇がとぐろを巻いてうずくまっていた。義家の太刀筋がみごとに首を斬り落としていたため、蛇はすでに死んでいたが、その両の眼には忠明の打った二本の針が突き立っていたという。

結局、安倍晴明が指摘した瓜の毒気というのは、瓜の中に潜む蛇のことであった。そして、放っておけば藤原道長に害を与えたかもしれなかった蛇は、その存在を陰陽師の卜占によって明らかにされたがために、験者の加持・医師の針・武士の太刀によって退治されてしまったのである。

このあまりにもよくできた話は、残念ながら、そのすべてが史実に基づいているというわけではない。何よりもまず、観修・安倍晴明・丹波忠明・源義家の四人が各界の権威として一堂に会するというのは、絶対にあり得ないことであった。

説話の虚偽

たとえば、「八幡太郎《はちまんたろう》」として天下に武名を轟《とどろ》かせた源義家という武士は、長暦《ちょうりゃく》三年（一〇三九）の生まれであり、寛弘《かんこう》五年（一〇〇八）に没した観修や寛弘二年（一〇〇五）に没した安倍晴明とは同席できるはずがなかった。それだけではない。義家には、万寿《まんじゅ》四年（一〇二七）に没した藤原道長の面識を得る機会さえなかったはずなのである。したがって、道長・観修・晴明と同じ時代を生きた武士たちの代表としては、大江山《おおえやま》の酒呑童子《しゅてんどうじ》を退治したと伝えられる源頼光《よりみつ》あたりが名前を挙げられるべきであったろう。この頼光は、義家には大伯父にあたる人物である。

また、右の話に医師として登場する丹波忠明にしても、観修や安倍晴明が世を去った頃には、まだ十代の少年に過ぎず、常識的に考えて、当時の医師たちを代表するような存在になっていたわけがない。もし権威ある医師が藤原道長のもとで験者の観修や陰陽師の晴明と同席したとすれば、それは忠明の父親の丹波重明《しげあき》（重雅《しげまさ》とも）あたりではなかっただろうか。

橘成季《たちばなのなりすえ》という文人が『古今著聞集』を編纂したのは、十三世紀半ばの鎌倉時代中期のことであった。それは、安倍晴明の生きた時代からすれば、二百年以上も後の時代である。そして、二世紀余りを隔てた後代の人々の眼から見れば、観修や安倍晴明と丹波忠明や源義家との間に存した時間差など、実に微々たるものであったに違いない。だからこそ、鎌倉時代人の橘成季は、躊躇することなく観修・晴明・忠明・義家の四人を同時代人として扱ったのである。

だが、御堂関白藤原道長と同じ時代を生きた人々の誰もが知るように、大僧正観修・安倍晴明・丹波忠明・源義家の四人がそれぞれの分野の第一人者として道長邸で顔を合わせることは、どうしても不可能なことであった。その意味では、右に紹介した『古今著聞集』の説話には、あまりにも明白な嘘が含まれていることになる。

占い師としての陰陽師

しかしながら、右に見た『古今著聞集』の説話は、観修・安倍晴明・丹波忠明・源義家といった固有名詞に関しては虚偽を交えているものの、人々を危険から守るうえでの験者・陰陽師・医師・武士の役割については真実をわかりやすく伝えてくれている。

『古今著聞集』によれば、物忌中の藤原道長のもとに届けられた早瓜の一つに毒気があることがわかったとき、験者の観修が加持によって瓜の中の毒気を刺激すると、医師の忠明は針によって毒気の正体である蛇の両眼を突き、武士の義家は刀で蛇の首を刎《は》ねたのであった。言うまでもなく、ここに見える加持・針・剣戟《けんげき》は、それぞれ験者・医師・武士の主要な職能の一つである。

そして、『古今著聞集』の語るところでは、験者・医師・武士が瓜に潜む毒気＝蛇を退治することができたのは、陰陽師の晴明が卜占によって毒気の伏在を指摘したからに他ならない。つまり、『古今著聞集』の話の組み立てからは、験者・医師・武士が加持・針・剣戟を職能としていたことが知られると同時に、陰陽師が卜占を職能とする存在であったことが確かめられるのである。

ところで、「芸能《げいのう》」という言葉は、元来、さまざまな特殊技能を包括する呼称であった。今日のわれわれの言う「芸能」がほとんど歌唱・舞踊・演劇などに限られているのに対して、平安時代や鎌倉時代の人々は、験者・陰陽師・医師・武士の職能として右に見た加持・卜占・針・剣戟などをも、「芸能」として理解していたのである。そのため、『古今著聞集』が御堂関白藤原道長を守ったと伝える験者・陰陽師・医師・武士は、いずれも平安時代や鎌倉時代には「芸能者《げいのうしゃ》」として位置づけられる存在であった。

この「芸能者」というのはわれわれ現代日本人には耳慣れない言葉だが、その意味するところは、われわれの言う「職人」に近い。したがって、本書の主人公である安倍晴明に代表される陰陽師については、平安時代に存在した各種の職人の一つとして理解してしまってかまわないだろう。平安時代の陰陽師というのは、要するに、卜占を職能とする職人だったのである。

なお、現代の日本において〈卜占を職能とする職人〉に該当するのは、いわゆる「占《うらな》い師《し》」の類であろう。とすれば、平安時代の陰陽師というのは、当時の占い師の一種であったことになろうか。言ってみれば、平安時代の日本では、占い師の一部が「陰陽師」と呼ばれていたのであった。

「陰陽師」の起源

ただし、「陰陽師」という言葉は、元来、律令《りつりょう》官職の名称であった。

わが国の律令官制では、遅くとも養老職員令《ようろうしきいんりょう》が定められた八世紀前葉以来、中務省《なかつかさしょう》の管下に陰陽寮《おんみょうりょう》という官司が設けられていたが、その陰陽寮には定員六名の「陰陽師」という官職が置かれていた。そして、その職掌は、天災・兵乱・政変などの国家的な災異についての卜占であり、また、国家が土木工事を行うにあたっての土地に関する卜占であった。すなわち、「陰陽師」というのは、本来的には、国家のための卜占を職掌とする律令官職の名称として生まれた言葉なのである。

ところが、そもそもは官職名であったはずの「陰陽師」という名称は、遅くとも平安時代中期までに、〈卜占を職能とする職人〉を意味する職業名へと変容してしまう。もちろん、安倍晴明の活躍した平安中期にも、定員六名の「陰陽師」という官職は存在し続けていた。だが、その時代には、「陰陽師」という官職を帯びる六名よりもはるかに多くの人々が、〈卜占を職能とする職人〉として「陰陽師」と呼ばれていたのである。

そのため、本書では、これ以降、律令官職としての陰陽師を、とくに「令制陰陽師」と呼ぶことにしたい。〈卜占を職能とする職人〉としての陰陽師との区別を明確にするには、こうした措置が必要であろう。

とはいえ、その令制陰陽師が〈卜占を職能とする職人〉としての陰陽師とまったく別の存在であったというわけではない。それどころか、令制陰陽師の官職に就いた官人は、必ず周囲の人々から〈卜占を職能とする職人〉としての陰陽師の一人として認識されることになったのである。

陰陽寮の職務

その令制陰陽師が所属する陰陽寮という律令官司には、養老職員令によれば、令制陰陽師の他にも、陰陽頭《おんみようのかみ》・陰陽助《おんみようのすけ》・陰陽允《おんみようのじよう》・陰陽《おんみようの》属《さかん》・陰陽博士《おんみようはかせ》・暦博士《れきはかせ》・天文博士《てんもんはかせ》・漏刻博士《ろこくはかせ》といった官職が置かれていた。これらの多様な官職に与えられていた職掌は、それぞれ図2に示した通りである。

この図の内容は養老職員令の規定に基づいているが、これに明らかなように、陰陽寮という官司の職務は、①卜占を行う陰陽《おんみよう》部門・②暦《こよみ》を造る暦《れき》部門・③天体や気象を観測する天文《てんもん》部門・④時刻を計測する漏刻《ろこく》部門の四つの部門から成る。だが、「陰陽寮」という名称からもうかがわれるように、この官司のもっとも中心的な職務となったのは、右の四部門のうちの陰陽部門であった。陰陽部門にもっとも多くの人員が配置されているのもそのためである。したがって、陰陽寮という官司については、これを国家のための卜占を司る国家機関として理解することができるだろう。

なお、陰陽寮の暦部門・天文部門・漏刻部門の職務も、広い意味での卜占と密接に関係している。まず、天文部門の場合、古代の人々は天体や気象の異変を何かの予兆と見なしていたため、天体や気象を観測することは、それ自体が一種の卜占であった。また、陰陽部門や天文部門による卜占は月日や時刻を重要な要素としていたから、暦部門や漏刻部門

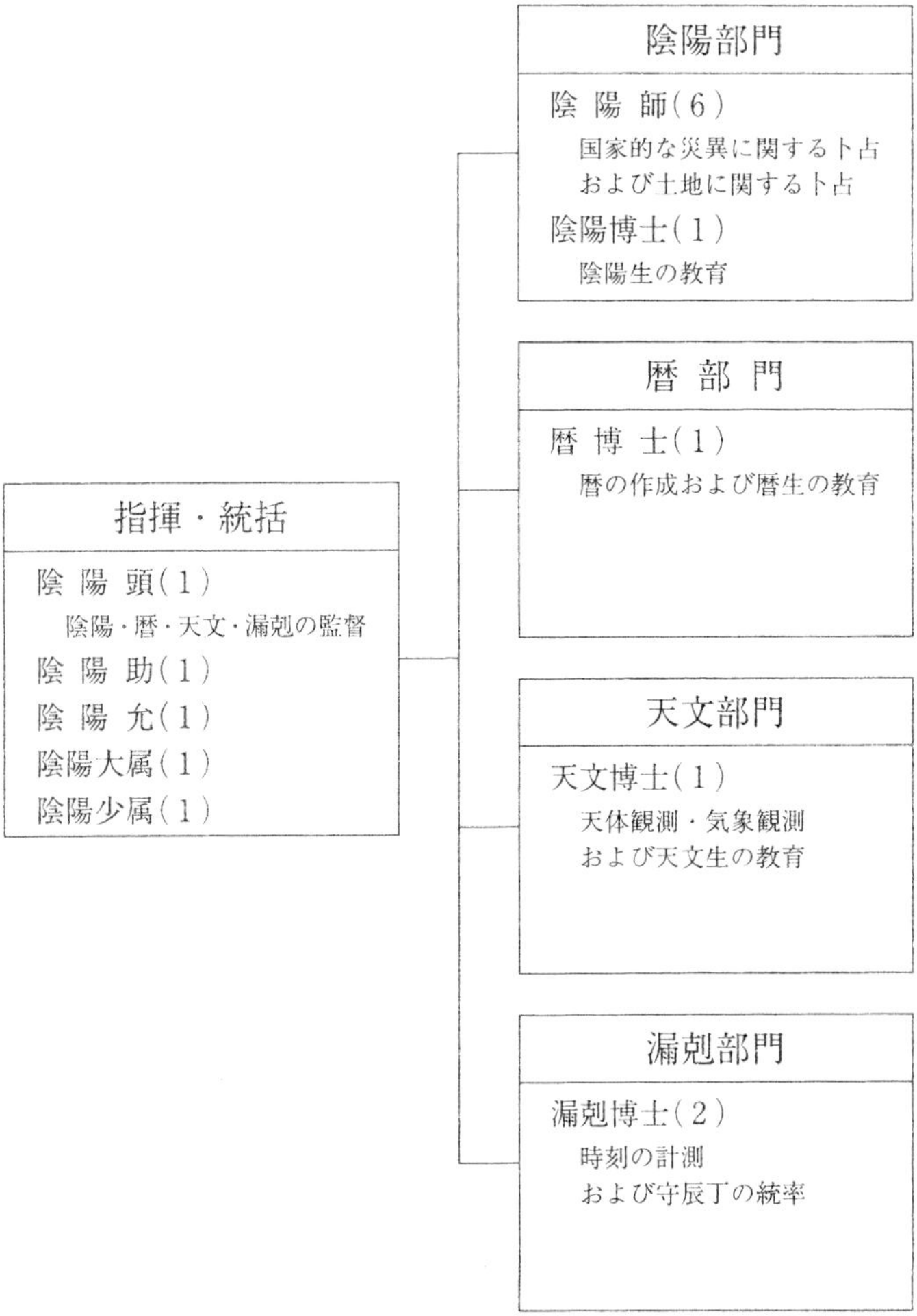

図2　陰陽寮の官職および職掌
(養老職員令より。(　)内の数字は官職ごとの定員を示す)

による月日や時刻の確定は、陰陽寮の卜占を成り立たせるうえで不可欠な作業となっていた。

陰陽寮官人の変質

こうした陰陽寮という官司のそもそもの性格のゆえか、遅くとも平安時代中期までには、陰陽寮に所属する官人のすべてが、本来は令制陰陽師のみの職掌であったはずの卜占を行うようになる。すなわち、陰陽寮の官職のいずれか——図2に見える官職のどれでも——を帯びる者のすべてが、本来の職掌に加えて卜占を行うようになったのである。

その結果、少なくとも平安中期以降には、陰陽寮官人のすべてが、〈卜占を職能とする職人〉として、人々から「陰陽師」と呼ばれることになる。今や、人々は〈陰陽寮官人＝陰陽師〉という認識を持つようになったのであった。

「今《いま》ハ昔《むかし》、天文博士《てんもんはかせ》安倍晴明《あべのせいめい》ト云《い》フ陰陽師《おんみようじ》有《あ》リケリ」というのは、平安時代後期の十二世紀に成立した『今昔物語集《こんじやくものがたりしゆう》』という説話集からの引用である（『今昔物語集』巻第二十四第十六語）。この一節から容易に読み取れるように、『今昔物語集』が編纂された頃には、〈陰陽寮官人＝陰陽師〉という認識が社会的な通念となっていた。そして、そうした通念は、「天文博士安倍晴明ト云フ陰陽師」が活躍した平安時代中期において、すでに確立していたものと思われる。

さらに、遅くとも平安中期までには、一度でも陰陽寮官人となって周囲の人々から陰陽師として認識された者は、陰陽寮の官職を辞した後にも陰陽師として扱われ続けるようになっていた。それは、もちろん、陰陽寮官人ではなくなっても、〈卜占を職能とする職人〉であることに変わりはなかったからであろう。

たとえば、安倍晴明については、晩年には陰陽寮官人ではなかったことが確認される一方で、死去する直前まで「陰陽師」と呼ばれていたことも確認できる。後に詳しく述べるように、七十歳を過ぎた頃に天文博士を辞した晴明は、以後、寛弘二年の冬に八十五歳で没するまで、二度と陰陽寮の官職を帯びることはなかった。そして、その間に彼が就いた主計権助《かずえごんのすけ》や左京権大夫《さきょうごんのだいぶ》といった官職は、陰陽寮とはまったく関係がない。しかし、藤原道長の日記である『御堂関白記《みどうかんぱくき》』には、寛弘二年の二月十日に道長自身が「陰陽師《おんみょうじ》晴《はる》明《あき》」を喚《よ》び出したことが記されているのである。

このように、平安時代中期の日本では、現役の陰陽寮官人および陰陽寮官人経験者のすべてが、〈卜占を職能とする職人〉として「陰陽師」と呼ばれたのであった。

表1　安倍晴明の卜占

	年　月　日	活動内容	典拠
1	天延元年(973)　6月11日	円融天皇のために怪異の吉凶を占う	親信卿記
2	寛和2年(986)　2月16日	太政官庁舎の怪異(蛇)の吉凶を占う	本朝世紀
3	同　2月27日	太政官庁舎の怪異(鳩)の吉凶を占う	本朝世紀
4	永祚元年(989)　正月6日	一条天皇の病気を占う	小右記
5	長保元年(999)　7月16日	一条天皇の病気を占う	権記
6	同　10月13日	太皇太后昌子内親王の転居の是非を占う	小右記
7	同　2年(1000)　8月19日	藤原行成のために怪異(鼠)の吉凶を占う	権記
8	同　3年(1001)　⑫月17日	東三条院藤原詮子の転居の是非を占う	権記
9	同　5年(1003)　8月21日	敦康親王の病気を占う	権記
10	寛弘元年(1004)　2月19日	藤原道長のために寺院建立の適地を選ぶ	御堂関白記
11	同　6月18日	藤原道長宅の死穢の有無を占う	御堂関白記
12	同　8月22日	中宮藤原彰子の行啓の是非を占う	御堂関白記
13	同　9月25日	多武峯の怪異(鳴動)の吉凶を占う	御堂関白記

注　○内の数字は閏月を示す。

怪異占

では、〈卜占を職能とする職人〉である陰陽師は、どのようなことを占ったのだろうか。

確かな記録の残っている安倍晴明の卜占は、わずか十三例に過ぎない。それらを整理したのが表1であるが、この限られた諸事例だけから見た場合、安倍晴明という陰陽師がもっとも頻繁に占ったのは、怪異《かいい》の吉凶であった（表1―1・2・3・7・13）。

「怪異」というのは、どこか不吉な雰囲気を漂わせる少し変わった出来事のことである。太政官《だじょうかん》の庁舎に蛇が入り込んだなどというのは、わかりやすい例ではないだろうか（表1－2）。また、大和国十市郡《やまとのくにとおちぐん》の多武峯《とうのみね》には藤原氏の祖とされる大織冠《たいしょくかん》藤原鎌足《かまたり》の墓があったが、その鎌足の墓が鳴動《めいどう》することは、藤原氏の人々にとっては重大な怪異であった（表1－13）。さらに、書家として知られる藤原行成《ゆきなり》が安倍晴明に卜占を依頼した怪異というのは、内裏《だいり》内の控え室（宿所《しゅくしょ》）において鼠が夜具か寝間着かを噛《かじ》ったという出来事である（表1－7）。

そして、こうしたさまざまな怪異を、平安時代の人々は、将来に起こり得るさまざまな出来事の予兆として受けとめていた。だからこそ、彼らは陰陽師に怪異の吉凶を占わせたのである。怪異についての卜占を「怪異占《かいいせん》」と呼ぶとして、陰陽師の行う怪異占というのは、平安時代の人々にとって、さまざまな怪異が予兆する将来の出来事を正確に読み取るための、もっとも簡便な手段だったのである。

ちなみに、『本朝世紀《ほんちょうせいき》』という史書によれば、太政官庁舎の怪異を占った安倍晴明は、蛇の闖入《ちんにゅう》が盗賊や兵乱などを予兆するものではないことを示したうえで、丑《うし》年・未《ひつじ》年・辰《たつ》年のいずれかに生まれた誰かが失脚して遠方に左遷《させん》される可能性を指摘している。また、『権記《ごんき》』の名称で知られる藤原行成の日記によると、行成を慌てさせた鼠の怪異は、安倍晴明の占うところ、将来の相論《そうろん》や病気の予兆であった。

もちろん、怪異が予兆したのは、盗賊・兵乱・左遷・相論・病気といった凶事ばかりではない。たとえば、安倍晴明没後の長和《ちょうわ》三年（一〇一四）の二月、大納言《だいなごん》藤原実資《さねすけ》の邸宅では鹿が邸内に闖入するという怪異が起きたが、実資の日記である『小右記《しょうゆうき》』によれば、この怪異を占った三人の陰陽師のうちの一人は、近い将来の吉事を予告していた。

とはいえ、やはり、怪異のほとんどは何らかの凶事の予兆であった。そして、怪異占によって将来の凶事を知った人々は、陰陽師が予告した凶事の予定日になると、自宅に籠って災難を回避しようとした。こうして生まれたのが、平安時代の慣行として有名な、あの「物忌《ものいみ》」である。

病事占

「此《こ》ノ病《やまい》ヲ占《うらな》フニ、極《きわ》メテ重《おも》クシテ……」というのは、『今昔物語集』に収められたある説話の中で「安倍《あべ》ノ晴明《せいめい》ト云《い》フ陰陽師《おんみょうじ》」が発した言葉である（『今昔物語集』巻第十九第二十四語）。すなわち、ある高僧が重い病に苦しんでいた折、陰陽師の安倍晴明が、高僧の弟子たちに対して、師僧の病気が死に至るものであることを告げたのである。そして、右に引用した発言に明らかなように、晴明による死の宣告は、彼自身が行った卜占に基づくものであった。

右の話にはまだまだ続きがあるのだが、それはしばらく置くとして、ここに見られるように、安倍晴明という陰陽師は、病気に関する卜占を行うことがあった。もちろん、伝承の世界においてのみならず、現実の世界においてもである。表1の示すように、安倍晴明の卜占の四分の一ほどは、誰かの病気について占ったものであった（表1－4・5・9）。平安時代中期の陰陽師がしばしば病気に関する卜占を行っていたことは間違いない。

そうした卜占を「病事占《びょうじせん》」と呼ぶとして、陰陽師が病事占を行ったのは、まず第一に、病気の原因を突き止めるためであった。たとえば、『小右記』によると、永祚《えいそ》元年（九八九）の正月、一条《いちじょう》天皇の急病を占った安倍晴明が最初に指摘したのは、その病気が食中毒に起因しているということであった（表1－4）。

また、『権記』によれば、長保《ちょうほ》元年（九九九）の七月に一条天皇の歯痛を占った安倍晴明は、まずはその歯痛の原因が祟《たたり》ではないことを指摘している（表1－5）。当時の人々は祟を原因とする病気を非常に恐れていたため、病事占を行う陰陽師としては、最優先で祟が病因となっているか否かを確認する必要があったのだろう。そして、これも『権記』に見える事例なのだが、長保五年八月に敦康《あつやす》親王の病気を占った晴明が最優先で指摘したのは、その病気がいわゆる「もののけ」に起因するということであった（表1－9）。

こうしてまずは病因を指摘した陰陽師は、次には平癒《へいゆ》の時期や治癒するまでの症状などをも占った。その際、ときには、右の説話のように、病事占が病死を予告することにもなり、そうした場合、陰陽師は病人の死期を占うこともあった。

　なお、表1に明らかなように、安倍晴明は昌子《まさこ》内親王や藤原詮子《あきこ》の転居の是非を占ったことがあるが（表1－6・8）、『小右記』および『権記』によれば、ここに見えるのはいずれも病気療養のための転居である。こうした場合の卜占は病事占にはあたらないが、平安時代の陰陽師は、病気をめぐって、このような事柄をも占ったのであった。

射覆

　安倍晴明の卜占といえば、本来、『今昔物語集』巻第二十四第十七の「保《やす》憲《のり》・晴明《せいめい》共《とも》ニ覆物《おおいもの》ヲ占《うらな》フ語《こと》」という話も、晴明の卜占をめぐる逸話であったらしい。だが、非常に残念なことに、この話は本文の全文を欠いてしまっている。すなわち、『今昔物語集』という説話集は、「保憲・晴明共ニ覆物ヲ占フ語」という説話に関しては、その題名しか伝えていないのである。

　しかしながら、この幻の一話の内容は、そのおおよそのところであれば、まったく想像がつかないわけではない。

　まず、「保憲・晴明共ニ」とある以上、「保憲」というのは、安倍晴明と同じ時代に活躍した賀茂保憲《かものやすのり》という陰陽師のことであろう。また、「覆物《おおいもの》」というのは、その正体が見えないように布に包まれたり箱に入れられたりした物品のことと思われる。とすると、「保憲・晴明共ニ覆物ヲ占フ語」という話においては、賀茂保憲・安倍晴明の二人の陰陽師が、卜占によって何らかの覆物の正体を突き止めようとしたのではないだろうか。

そのような覆物の卜占は「射覆《しゃふく》」と呼ばれるが、実は、賀茂保憲の父親の賀茂忠行《ただゆき》という陰陽師は、村上《むらかみ》天皇の御前にて射覆の腕前を披露したことがあった。すなわち、天徳《てんとく》三年（九五九）の二月のこと、勅命に従って卜占を行った忠行は、八角形の箱の中に赤い糸で綴《つづ》られた水晶の数珠《じゅず》が収められていることをみごとに言い当てたのである。このときに忠行が卜占の結果を書き記して提出した文書は、平安時代後期に編纂された『朝野群載《ちょうやぐんさい》』という文書集に収録されて今に伝わっている（『朝野群載』巻第十五陰陽道）。

こうした事実があったことをも考慮に入れると、もし賀茂保憲と安倍晴明とが一緒に射覆を行うことがあったとすれば、それは、誰かに卜占の技量を競わされてのことであったかもしれない。保憲は貞元《じょうげん》二年（九七七）に没しているから、その誰かというのは、円融《えんゆう》天皇あたりであったろうか。

もちろん、以上は筆者の推測に過ぎない。「保憲・晴明共ニ覆物ヲ占フ語」は、説話集の一つが題名だけを伝えた、あまりにも不確かな伝承でしかないのである。とはいえ、現に賀茂忠行が村上天皇に卜占の技量を試みられているのだから、賀茂保憲や安倍晴明にしても、射覆の競演などのかたちで、一度くらいは第三者に卜占の能力を試されたことがあるのではないだろうか。彼らは〈卜占を職能とする職人〉だったのである。

「陰陽師」という呪術師

生命の交換

安倍晴明がある高僧の病気を占って死の宣告をしたというのは、すでに前節でも紹介した話である。そして、これだけならば、『今昔物語集《こんじやくものがたりしゆう》』巻第十九第二十四の「師《し》ニ代《か》ハリテ太山府君《たいざんふくんのまつり》祭ノ都状《とじよう》ニ入《い》ル僧《そう》ノ語《こと》」という話の冒頭の出来事でしかない。

この話の続きにおいては、高僧の弟子たちが重大な決断を迫られることになる。それは、安倍晴明からの提案を受けてのことであったが、その提案というのは、弟子たちの誰か一人が師の身代わりとして死ぬのであれば、泰山府君祭《たいざんふくんさい》（太山府君祭）という呪術によって高僧を死病から救ってみせよう、というものであった。

「泰山府君祭」と呼ばれたのは、冥府《めいふ》の神として人々の生死を司る泰山府君《たいざんふくん》（太山府君）に働きかけようとする呪術である。この呪術においては、図3に見えるように、供物《くもつ》を並べた祭壇を前にして陰陽師が「都状《とじょう》」と呼ばれる文書を読み上げるのだが、その都状に記して泰山府君に願う内容としては、健康・長寿・富貴・栄達などが一般的であった。

右の説話において安倍晴明が提案した泰山府君祭は、瀕死の高僧とその弟子の一人との余命の交換を泰山府君に依頼するものである。したがって、その都状には、師僧の身代わりとして死ぬべき弟子の名が明記されねばならなかった。そして、最末席の弟子が大勢の弟子たちの中からただ一人だけ師僧の身代わりを志願したため、晴明はこの末弟子の名を都状に記して泰山府君祭を挙行した。

すると、それまで死の淵を彷徨《さまよ》っていた高僧が劇的な快復を遂げる。晴明の泰山府君祭は、二人の人間の余命の交換に成功したのである。しかも、師僧の身代わりとなって死んでしまうはずであった末弟子の僧も、その師を思う気持ちに感心した泰山府君の特別の計らいにより、これで生命を落とすことはなかった。結局、晴明の行った泰山府君祭は、これ以上ないほどの大成功を収めたのである。

図３　泰山府君祭を行う安倍晴明（『不動利益縁起絵巻』より、東京国立博物館所蔵）

泰山府君祭

ところが、右の説話に見えた泰山府君の厚意は、やがて後世の人々によって不動明王《ふどうみょうおう》の利益《りやく》へとすり替えられてしまう。たとえば、平安時代末期に成立したとされる『宝物集《ほうぶつしゅう》』や鎌倉時代初期成立の『発心集《ほっしんしゅう》』は、右に紹介したのとほぼ同じ話を伝えながら、高僧の身代わりを申し出た末弟子が結局は死なずに済んだ理由として、彼が日頃から不動明王を篤《あつ》く信仰していたことを持ち出すのである。そして、この説話は、三井寺《みいでら》（園城寺《おんじょうじ》）に結びついた不動利益譚《ふどうりやくたん》として天下に流布《るふ》していくのであった。

もちろん、『今昔物語集』が編まれたのも、安倍晴明の死から百年ほどを経た平安時代後期の十二世紀初頭のことであり、同書に収められた説話にどれほどの史実が語られているかは、かなり怪しいものである。そもそも、高僧とその末弟子との余命を交換するために安倍晴明が泰山府君祭を行ったということ自体、まったくの作り話かもしれない。

しかし、たとえ伝承の次元でのことだとしても、泰山府君の手柄が不動明王に横取りされたと知ったとき、おそらく、安倍晴明は草葉の陰で悔し涙を流したことだろう。というのは、晴明が生前に意を砕いたことの一つが、大陸渡来の泰山府君信仰をわが国に根づかせることだったからである。

藤原実資《ふじわらのさねすけ》の『小右記《しょうゆうき》』によれば、永祚《えいそ》元年（九八九）の二月十一日、円融《えんゆう》法皇の意向を承《う》けた摂政藤原兼家《かねいえ》は、安倍晴明に一条《いちじょう》天皇のために泰山府君祭を行うように命じている。そして、諸記録にしばしば泰山府君祭のことが見えるようになるのは、これ以降のことであった。すなわち、このときに晴明が命じられた一条天皇のための泰山府君祭こそが、この呪術がわが国に広まる契機となったようなのである。

しかも、この記念すべき泰山府君祭は、その前日までは「代厄祭《だいやくさい》」と呼ばれる別の呪術が命じられることになっていたところを、当日になって急に予定が変更されて命じられたものであった。そして、ここで安倍晴明に命じられる呪術が代厄祭から泰山府君祭へと変更された背景には、晴明自身の意図があったのではないだろうか。おそらくは、それ以前より泰山府君祭を広める機会をうかがっていた晴明が、天皇のための呪術を命じられるこのときを好機と見て、みずから円融法皇あるいは摂政兼家に働きかけたのだろう。

また、それから後にも、安倍晴明は人々に泰山府君を信仰するように熱心に勧めて回っていたらしい。たとえば、藤原行成《ゆきなり》は長保《ちょうほ》四年（一〇〇二）の十一月二十八日の早朝に供物を捧げて泰山府君（太山府君）に長寿を祈っているが、行成自身が『権記《ごんき》』に記したところによると、それは晴明の言葉に従ってのことだったのである。

こうして安倍晴明が努力を惜しまなかった結果として、泰山府君祭という呪術は、わが国において頻繁に行われるようになっていく。平安時代には貴族層の人々の間で、さらに、鎌倉時代以降には武士層の人々の間でも。そして、泰山府君祭は陰陽師の扱うさまざまな呪術を代表するものの一つになっていくのであった。

呪術師としての陰陽師

とはいえ、平安時代の陰陽師が行った呪術は、その泰山府君祭だけではない。表2は信頼性の高い史料をもとに安倍晴明が行った呪術についてまとめたものだが、この表に晴明が携わったことの確実な呪術を見ただけでも、当時の陰陽師が多様な呪術を扱っていたことが知られよう。

もちろん、表2に見える呪術というのは、晴明によって行われたことがたまたま記録され、かつ、その記録が何らかのかたちでたまたま現代にまで伝わったものに限られている。したがって、ここに見えるのは、平安時代の陰陽師が行った呪術のほんの一部でしかない。

たとえば、表2に「鬼気祭《ききさい》」「熒惑星祭《けいこくせいさい》」「防解火災祭《ぼうげかさいさい》」「五龍祭《ごりゅうさい》」といった呪術のことが見えるように、陰陽師の扱う呪術の多くは「○○祭」という名称を与えられていたが、鎌倉時代初期までに成立したとされる『伊呂波字類抄《いろはじるいしょう》』という古辞書《こじしょ》によれば、平安時代末期までに陰陽師が行うようになっていたであろう「〇〇祭」系の呪術の種類は、八十六にも及んでいた。そして、その八十六種類のうちの少なくとも二十種ほどについては、『御堂関白記《みどうかんぱくき》』『小右記』『権記』といった日記から、平安時代中期の陰陽師によって実行されていたことが確かめられる。

しかも、『御堂関白記』『小右記』『権記』などからは、当時の陰陽師が『伊呂波字類抄』には名前の見えない「〇〇祭」系の呪術をも行っていたことが知られる。おそらく、平安中期の時点でも、陰陽師が扱う「〇〇祭」系の呪術は、二十数種類にはなっていたのだろう。これに表2に見える「反閇《へんばい》」や「禊祓《みそぎはらえ》」なども加わるわけだから、安倍晴明の時代の陰陽師たちについては、少なくとも三十種類にも及ぶ多様な呪術を扱っていたと見ていいだろう。

すでに前節において検証したように、平安時代の陰陽師というのは、〈卜占《ぼくせん》を職能とする職人〉としての占い師であった。だが、以上に見てきたところから明らかなように、平安時代の陰陽師は、〈呪術を職能とする職人〉としての呪術師でもあった。

表2　安倍晴明の呪術

	年　月　日		活動内容	典拠
1	天延元年(973)	6月11日	円融天皇の行幸に際して反閇を行う	親信卿記
2	同　2年(974)	6月12日	円融天皇の河臨禊を行う	親信卿記
3	寛和元年(985)	4月19日	藤原実資妾女の出産のために禊祓を行う	小右記
4	同	5月29日	花山天皇の除服に際して禊祓を行う	小右記
5	永延元年(987)	2月19日	一条天皇の遷御に際して反閇を行う	小右記
6	同	3月21日	藤原実資の二条第にて反閇を行う	小右記
7	同　2年(988)	7月4日	藤原実資宅にて鬼気祭を行う	小右記
8	同	8月18日	一条天皇のための熒惑星祭を怠る	小右記
9	永祚元年(989)	正月7日	一条天皇の病気に禊祓を行う	小右記
10	同	2月11日	一条天皇のための泰山府君祭を命じられる	小右記
11	同	2月16日	一条天皇の行幸に際して反閇を行う	小右記
12	正暦4年(993)	2月3日	一条天皇の病気に禊祓を行う	小右記
13	長徳3年(997)	6月22日	一条天皇の行幸に際して反閇を行う	権記
14	長保元年(999)	7月8日	一条天皇の遷御に際して反閇を行う	権記
15	同	11月7日	内裏の防解火災祭を命じられる	権記
16	同　2年(1000)	10月11日	一条天皇の遷御に際して反閇を行う	権記
17	同　3年(1001)	⑫月29日	私宅にて追儺を行う	政事要略
18	同　4年(1002)	11月9日	藤原行成のために泰山府君祭を行う	権記
19	寛弘元年(1004)	7月14日	五龍祭を行う	御堂関白記
20	同	12月3日	藤原道長宅にて祭(詳細不明)を行う	御堂関白記
21	同　2年(1005)	3月8日	中宮藤原彰子の行啓に際して反閇を行う	小右記

注　○内の数字は閏月を示す。

ところで、「陰陽師」という言葉の起源は、すでに前節で見たように、陰《おん》陽寮《みようりよう》という令制官司に所属する定員六名の「陰陽師」という官職にあった。そして、職業名としての「陰陽師」との混同を避けるため、この官職を本書では「令制陰陽師」と呼ぶことにしたわけだが、その令制陰陽師は、わが国の律令の規定において、本来、いかなる呪術をも職掌としてはいなかった。つまり、令制陰陽師の職掌を定めた養老職員令《ようろうしきいんりよう》を見る限り、令制陰陽師は〈卜占を職能とする職人〉としての占い師でしかないのである。

陰陽寮の新しい職務

また、遅くとも平安時代中期までには、令制陰陽師を含む現役の陰陽寮官人および陰陽寮官人経験者のすべてが、〈卜占を職能とする職人〉かつ〈呪術を職能とする職人〉として、「陰陽師」と呼ばれるようになる。つまり、陰陽寮官人および陰陽寮官人経験者を実体として、職人としての「陰陽師」が登場することになるのである。しかし、図2に挙げた陰《おん》陽頭《みようのかみ》以下の陰陽寮官職の中には、何らかの呪術を本来的な職掌とするものは一つもない。養老職員令の定めるところ、陰陽寮には呪術を職掌とする官職は一つとして置かれていないのである。

どうやら、〈呪術を職能とする職人〉としての呪術師は所属していないというのが、陰陽寮という官司の本来的な姿であったらしい。前節に見た陰陽寮の職務からすれば、それは当然のことであろう。

しかしながら、安倍晴明の活躍した平安時代中期の現実を見るならば、さまざまな呪術を行うことは、陰陽寮の果たすべき重要な職務の一つとなっていた。

たとえば、源高明《みなもとのたかあきら》の著した『西宮記《さいきゅうき》』という儀式書《ぎしきしょ》によれば、天下に疫病《えきびょう》が流行したとき、陰陽寮は国家を疫病から守るための呪術を行わなければならなかった。この場合に陰陽寮が行った呪術というのは、「四角祭《しかくさい》」および「四堺祭《しかいさい》」である（『西宮記』臨時一〈甲〉臨時奉幣）。また、同じ『西宮記』には、旱魃《かんばつ》の折には陰陽寮によって「五龍祭」という呪術が行われることになっていたことも見える（『西宮記』臨時一〈乙〉祈雨事）。

この他、天皇の家政や健康に関わる呪術の実行も、公式に陰陽寮の職務に加えられていた。延喜陰陽寮式《えんぎおんみようりようしき》が天皇のための「竈神祭《かまどがみさい》」「本命祭《ほんみようさい》」「三元祭《さんげんさい》」を陰陽寮の職務として規定するごとくである。

こうして、そもそもは国家のために卜占を行う官司として設置されたはずの陰陽寮は、いつの間にか、呪術をもその職務とするようになっていたのであった。

なお、右に挙げた四角祭・四堺祭・五龍祭・竈神祭・本命祭・三元祭といった呪術は、当時の陰陽寮官人ならば、誰にも行うことが可能であった。というのは、平安中期の時点では、現役の陰陽寮官人のすべてが、〈呪術を職能とする職人〉としての呪術師となっていたからである。

陰陽寮官人のさらなる変質

さらに、このことの当然の帰結として、陰陽寮官人経験者のすべても、〈呪術を職能とする職人〉としての呪術師として活動することが可能であった。陰陽寮の官職を辞したからといって、呪術を行う技術を失うわけではないからである。そのため、すでに陰陽寮を退いた陰陽師が陰陽寮の行うべき呪術に携わることさえ、そう珍しいことではなかった。

たとえば、表2には安倍晴明が五龍祭を行ったことが見えるが（表2-19）、このときの晴明の官人としての立場は、前天文博士の左京権大夫《さきょうごんのだいぶ》であった。「左京権大夫」というのは、平安京の民政や治安を司る左京職《さきょうしき》という官司の長官に准ずる官職であり、陰陽寮とはまったく関係がない。また、前天文博士として扱われるように、晴明はかつては天文博士の官職を帯びる陰陽寮官人だったわけだが、その前天文博士が五龍祭のような呪術を行うことができたのであるから、当然、現職の天文博士というのも、呪術に通じているものだったのだろう。

もちろん、〈呪術を職能とする職人〉として「陰陽師」と呼ばれた現役の陰陽寮官人および陰陽寮官人経験者たちは、国家や天皇のための公的な呪術だけではなく、人々のための私的な呪術をも行った。

現に、安倍晴明の場合、表2に示したごとく、藤原実資のための禊祓・反閇・鬼気祭などを行っている（表2－3・6・7）。また、これも表2に示したところだが、晴明については、藤原行成のために泰山府君祭を行ったことが知られるとともに（表2－18）、藤原道長のために何らかの「〇〇祭」系の呪術を行ったことも知られている（表2－20）。

このように、少なくとも平安時代中期以降には、人々から一括《ひとくく》りに「陰陽師」と呼ばれた陰陽寮官人および陰陽寮官人経験者たちは、〈卜占を職能とする職人〉であると同時に、〈呪術を職能とする職人〉でもあったのである。

「陰陽師」という禁忌管理者

安倍晴明の初見史料

幾つかの信頼に足る記録の中でも、安倍晴明のもっとも若いときの活動を伝えてくれるのは、さまざまな文書や記録を原史料として平安時代後期に編纂された『本朝世紀《ほんちょうせいき》』という史書であろう。その康保《こうほ》四年六月二十三日の記事には、次のような一節が見えるのである。

○正統朝臣《まさむねあそん》の左大臣《さだいじん》に申《もう》して陰陽師《おんみょうじ》晴明《はるあき》を召《め》して政始《せいはじめ》の日時《にちじ》勘文《かもん》を進《すす》めしむ。

（『本朝世紀』康保四年六月二十三日条）

もっとも、「安倍晴明のもっとも若いとき」とは言っても、延喜《えんぎ》二十一年（九二一）に生まれた晴明は、康保四年（九六七）にはもう四十七歳にもなっていた。それは、当時としてはとうに「翁《おきな》」として扱われるべき年齢である。だが、『本朝世紀』に見える四十七歳の「陰陽師晴明《おんみようじはるあき》」こそが、確かな史料に初めて登場する安倍晴明の姿なのである。

それはともかく、このときの晴明は、「陰陽師晴明」と記されていることから見て、おそらく、令制陰陽師の官職を帯びていたのだろう。そして、その令制陰陽師の晴明は、左大臣藤原実頼《ふじわらのさねより》の意向を承《う》けた大外記《だいげき》菅野正統《すがののまさむね》に喚《よ》び出され、「政始《せいはじめ》」という朝廷の儀式のために「日時勘文《にちじかもん》」と呼ばれる文書を提出したのであった。

ここで安倍晴明が提出した日時勘文というのは、簡単に言えば、何らかの儀式や行事を行うための吉日や吉時を書き出した文書のことである。そして、その日時勘文を外記を通じて太政官に提出することこそが、初見史料における安倍晴明の活動であった。

実は、われわれが確かな史料から知り得る安倍晴明の最初の活動というのは、前々節に見た卜占《ぼくせん》でもなければ、前節に見た呪術でもなく、非常に地味な感じのする日時の選択なのである。

陰陽寮のもう一つの職務

『朝野群載《ちょうやぐんさい》』というのは平安時代後期に編纂された文書集だが、同書に「陰陽寮治暦二年歳次丙午御忌勘文《おんみょうりょうじりやくにねんさいじひのえうまおんいみかもん》」として収録されている文書がある。それは、陰陽寮《おんみょうりょう》が治暦《じりやく》元年（一〇六五）の十二月に作成したものであり、その次の一年間における皇太子尊仁《たかひと》親王（後の後三条《ごさんじょう》天皇）にとっての凶日および凶時を予告している（『朝野群載』巻第十五陰陽道）。

これによれば、治暦二年の尊仁親王には、六月十九日・七月六日・十二月二十五日の三ケ日が、「小衰《しょうすい》」と呼ばれる凶日であった。また、二月六日・同十一日・七月十日・同十五日・同十七日の五ヶ日も「大厄《たいやく》」という凶日であり、この五ヶ日にはとくに北の方角への移動は控えるべきであったらしい。

さらに、右の勘文《かもん》は、治暦二年の一年間の卯《う》日および酉《とり》日のすべてを「衰日《すいにち》」という凶日と見なし、かつ、同年における毎日の卯時および酉時を「衰時《すいじ》」という凶時と見なす。すなわち、件《くだん》の勘文の言うところに従えば、同年の尊仁親王は、六日に一度は凶日を迎えねばならず、かつ、凶日にもそれ以外の日にも一日の六分の一を凶時として過ごさねばならなかったのである。

このように、「陰陽寮治暦二年歳次丙午御忌勘文」というのは、皇太子尊仁親王の治暦二年における凶日および凶時を詳細に予告する文書であったわけだが、これと同様の「御《おん》忌勘文《いみかもん》」は、尊仁親王の兄である後冷泉《ごれいぜい》天皇やその皇后のためにも作られていた。その現物は今に伝わっていないものの、この頃、陰陽寮は毎年の十二月十日までに天皇・皇后・

皇太子それぞれの「御忌勘文」を作成することになっていたのである。

もちろん、こうした「御忌勘文」の作成などは、陰陽寮という官司の本来的な職務ではない。養老職員令《ようろうしきいんりょう》のどこを見ても、陰陽寮にこのような職務を配する条文は存在していないのである。陰陽寮というのは、元来、国家のための卜占を職務とする官司であった。しかし、右に見たような「御忌勘文」を天皇・皇后・皇太子のために作成することは、遅くとも平安時代中期には、すでに陰陽寮の基本的な職務として定着していた。

当時の人々の日記というのは、図4より知られるように、「具注暦《ぐちゅうれき》」と呼ばれる巻物状の暦《こよみ》に書き込まれるものであったが、藤原道長《みちなが》の『御堂関白記《みどうかんぱくき》』の一部となっ

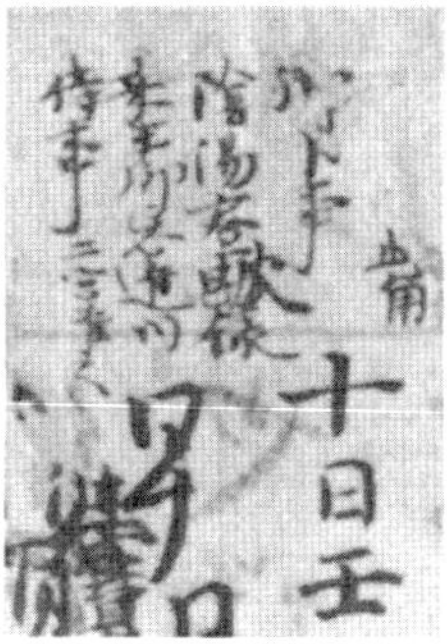

（書き込み部分）

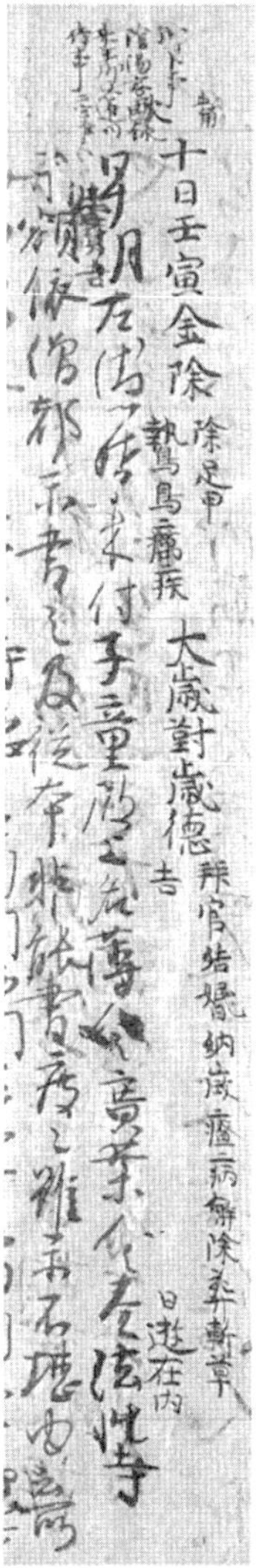

図4　自筆本『御堂関白記』寛弘四年十二月十日条（陽明文庫所蔵）

た寛弘《かんこう》四年（一〇〇七）の具注暦の十二月十日の欄には、この具注暦が道長の手に渡る以前から、「陰陽寮勘録来年御忌進内侍事［二宮准之］」と書き込まれていた。そして、この書き込みによれば、陰陽寮はこの日までに「来年《らいねん》の御忌《おんいみ》」を「勘録《かんろく》」して天皇の家政を司る内侍司《ないしのつかさ》および皇后（中宮《ちゅうぐう》）・皇太子（東宮《とうぐう》）の「二宮《にくう》」に提出しなければならなかったのである。

日時勘申

右に紹介した「陰陽寮治暦二年歳次丙午御忌勘文」によると、治暦二年の尊仁親王には全部で七十ヶ日近くもの凶日が訪れたことになるのだが、それは、尊仁親王にとっては例年のことであったものと思われる。そして、そうした状況は、親王の兄の後冷泉天皇の場合にも同様であったろうし、また、それ以前の数代の天皇たちの場合にも同様であったろう。つまり、平安時代中期以降の歴代の天皇たちは、毎年毎年、五日ないし六日に一度は「小衰」「大厄」「衰日」といった凶日に見舞われていたものと考えられるのである。

そのため、朝廷の儀式や行事が催されるにあたっては、常に天皇の凶日が意識されることになった。天皇を中心に置いて初めて存在意義を持ち得た朝廷の儀式や行事は、天皇の凶日に行われるわけにはいかなかったのである。さらに、儀式や行事によっては、天皇だけではなく、皇后や皇太子の凶日にも配慮しなければならなかった。

また、右に見た小衰・大厄・衰日などは個人ごとに設定される凶日であったが、現代の日本に仏滅《ぶつめつ》があるように、当時の日本にも万人にとっての凶日というものが存在した。しかも、そのもっとも代表的なものである「八専日《はっせんにち》」だけでも一年間に四十八ヶ日を数えたように、当時、万人共通の凶日もかなりの日数に及んでいた。そして、こうした凶日も朝廷の儀式や行事に影響を与えたことは言うまでもない。

このような状況であったから、平安時代の日本において、朝廷の儀式や行事の日取りを選ぶというのは、非常に困難な作業であった。その作業を当時の人々は「吉日を選ぶ」と表現したが、それは、実際には、さまざまな凶日のすべてを慎重に避けて、けっして多くはない凶日ではない日を選び出すという作業に他ならなかった。

そして、遅くとも平安時代中期には、その作業は陰陽寮の職務の一つとなっていた。朝廷の儀式や行事が行われるべき月日や時刻を選び出すことを、平安時代には「日時勘申《にちじかんしん》」と言ったが、平安中期以降の陰陽寮にとって、日時勘申は主要な職務の一つだったのである。すでに見たように、康保四年の六月、安倍晴明は令制陰陽師として大外記に日時勘文を提出したが、それはまさに陰陽寮による日時勘申の具体的な姿であった。

なお、先に見た毎年十二月の「御忌勘文」の作成と右の日時勘申とは、基本的に、表裏一体の職務として理解されるべきだろう。というのは、いずれも凶日という禁忌《きんき》を管理することを目的とした行為だからである。そして、このように考えるならば、陰陽寮という官司は、卜占・呪術に加えて禁忌の管理を職務とする官司であったということになろう。

禁忌管理者としての陰陽師

そう考えるとすると、平安時代中期以降の陰陽師たちというのは、〈卜占を職能とする職人〉〈呪術を職能とする職人〉であると同時に、言わば〈禁忌管理を職能とする職人〉でもあった。すなわち、現役の陰陽寮官人および陰陽寮官人経験者を実体とする当時の陰陽師は、占い師や呪術師であるとともに、「禁忌管理者」とでも呼ぶべき存在でもあったのである。

念のために付け加えておくと、陰陽寮という官司の職務とされた禁忌の管理は、現役の陰陽寮官人のみによって果たされていたわけではない。どうやら、陰陽寮の職務であるはずの禁忌管理の少なくとも一部には、すでに陰陽寮の官職を辞したはずの陰陽寮官人経験者が携わっていたようなのである。

たとえば、天皇の行幸《ぎょうこう》のための日時勘申などは、陰陽寮の職務として本来は現役の陰陽寮官人が行うべきものであったが、藤原行成《ゆきなり》の『権記《ごんき》』によれば、長徳《ちょうとく》三年（九九七）の六月十七日に一条天皇の行幸のための日時勘申を行ったのは、そのときは主計《かずえ》権《ごんの》助《すけ》の官職を帯びていた安倍晴明であった。

「主計権助」というのは、主計寮《しゅけいりょう》という税務に関わる官司の次官に准ずる官職であり、もちろん、陰陽寮とは何の関係もない。また、遅くとも正暦《しょうりゃく》五年（九九四）の五月までに天文博士の官職を辞した安倍晴明は、それ以後、再び陰陽寮官人となることはなかった。つまり、右の日時勘申を行ったときの晴明は、前天文博士として陰陽寮官人経験者ではあったものの、すでに現役の陰陽寮官人ではなかったのである。

やはり、少なくとも平安時代中期以降においては、現役の陰陽寮官人および陰陽寮官人経験者たちは、「陰陽師」と呼ばれる禁忌管理者であった。

私的な行為に関わる禁忌の管理

表3に整理したのは、信頼性の高い諸史料から拾い出した安倍晴明による禁忌管理の事例である。そして、この表と前掲の表1とを並べて、単純に記録された事例の数だけを比較してみるならば、安倍晴明という陰陽師の活動としては、卜占よりも禁忌管理の方が頻繁であったことが知られよう。

すでに明らかになったように、安倍晴明の時代の陰陽師には占い師・呪術師・禁忌管理者の三つの側面があったわけだが、これらのうちの最後の側面は、安倍晴明ブーム以降に

表3　安倍晴明の禁忌管理

	年　月　日	活　動　内　容	典　拠
1	康保4年(967)　6月23日	朝廷の政始の日時を選ぶ	本朝世紀
2	永観2年(984)　7月27日	円融天皇から花山天皇への譲位の日時を選ぶ	小右記
3	同	懐仁親王(後の一条天皇)の立太子の日時を選ぶ	小右記
4	永延2年(988)　8月7日	一条天皇のための呪術の日時を選ぶ	小右記
5	長徳3年(997)　6月17日	一条天皇の行幸の日時を選ぶ	権記
6	長保元年(999)　7月16日	一条天皇のための呪術の日時を選ぶ	権記
7	同　10月13日	太皇太后昌子内親王の行啓の日時を選ぶ	小右記
8	同　11月7日	内裏の防解火災祭の日時を選ぶ	権記
9	同　2年(1000)正月28日	一条天皇妃藤原彰子の立后の日時を選ぶ	御堂関白記
10	同　2月16日	中宮藤原彰子の行啓の日時を選ぶ	御堂関白記
11	同　8月19日	大内裏内の造作に都合の悪い方角を指摘する	権記
12	同　3年(1001)6月20日	東三条院藤原詮子のための仏事の日時を選ぶ	権記
13	同	敦康親王の魚味始の日時を選ぶ	権記
14	同　⑫月23日	東三条院藤原詮子の葬儀に関する日時を選ぶ	権記
15	寛弘元年(1004)2月26日	藤原行成に仏事に都合の悪い日を尋ねられる	権記
16	同　6月20日	藤原道長に造仏に都合の悪い日を教える	御堂関白記

注　○内の数字は閏月を示す。

平安時代の陰陽師に関する出版物の数が激増したにもかかわらず、これまであまり話題にされてこなかったように思われる。やはり、その地味さのゆえであろうか。

とはいえ、禁忌管理というのは、平安時代中期以降の陰陽師の職能として、卜占や呪術に劣らず重要なものであった。すでに表1と表3との対照から明らかになっているごとく、当時の陰陽師は、卜占を行うのに劣らない頻度で禁忌管理を行っていたのである。

また、陰陽師による禁忌の管理は、朝廷のためにのみ行われたわけではない。

確かに、表3に見える安倍晴明の禁忌管理は、そのほとんどが朝廷のためのものである。政始（表3－1）・譲位《じょうい》（表3－2）・立太子《りったいし》（表3－3）・立后《りっこう》（表3－9）などが朝廷の儀式であることは言うまでもない。さらに、天皇のための呪術（表3－4・6・8）や天皇の行幸《ぎょうこう》（表3－5）は朝廷の行事と見なされるべきであり、また、中宮の行啓《ぎょうけい》（表3－10）・天皇の第一皇子の通過儀礼（表3－13）・天皇の生母《せいぼ》の病気平癒を祈願する仏事（表3－12）・天皇の生母の葬儀（表3－14）・太皇太后の行啓（表3－7）なども同様に位置づけられるべきである。したがって、記録された安倍晴明の禁忌管理の大半は、朝廷の儀式や行事のための日時勘申であったことになろう。

しかし、安倍晴明という陰陽師は、人々の私的な行為にまつわる禁忌の管理にも携わっていた。

たとえば、寛弘《かんこう》元年（一〇〇四）の二月の二十六日には、藤原行成より同日が仏事を行ううえでの凶日となるか否かの問い合わせを受け、勘文をもってこれに回答している（表3－15）。このときの勘文は行成の『権記』に収録されて今に伝わるが、これは数少ない晴明の著作物の一つである。また、同じ年の六月二十日には、自宅で仏像の製作を始めようとしていた藤原道長《みちなが》のもとに、同日が「滅門日《めつもんにち》」という凶日であることを報じている（表3－16）。しかも、『御堂関白記《みどうかんぱくき》』に見る限り、これは晴明の自発的な行為であったらしい。

方位勘申

なお、陰陽師が管理した禁忌は、凶日や凶時といった日時に関わるものばかりではない。先に紹介した尊仁親王のための「陰陽寮治暦二年歳次丙午御忌勘文」は、大厄の日には北への移動が禁忌となることを告げていたが、こうした方角に関する禁忌も、陰陽師によって管理されていたのである。

表3の示すように、安倍晴明も方角に関する禁忌の管理に携わっていた。すなわち、藤原行成の『権記』によれば、長保《ちょうほ》二年（一〇〇〇）の八月、織部司《おりべのつかさ》という官司の庁舎にて造作《ぞうさく》が行われることになった際、織部司のある方角が一条天皇の「御忌方《おんいみかた》」である可能

性が懸念されることになり、一条天皇の指名を受けた晴明がこの件についての判断を下すことになったのである（表3―11）。

残念ながら、この後のことは『権記』には記されていない。が、天皇から名指しで諮問《しもん》された晴明は、「方位勘文《ほういかもん》」と呼ばれる文書を提出するというかたちで諮問に答えたはずである。これは、「方位勘申《ほういかんしん》」と呼ばれる行為であり、本来ならば陰陽寮の職務として現役の陰陽寮官人が行うべきものであったが、日時勘申の場合と同様、陰陽寮官人経験者によっても行われていたのであった。すでに述べたところから明らかなように、このときの晴明は、前天文博士ではあっても、現役の陰陽寮官人ではない。

ちなみに、ここで問題となった一条天皇の「御忌方」であるが、これは一条天皇にとって凶となる方角のことである。日時の場合に個人ごとの凶日や凶時があったように、方角に関しても個人ごとの凶方（忌方《いみかた》）があり、その方角へと移動してはならなかったとともに、そうした方角ではその人に関係のある造作を行ってはならなかった。

一条天皇は天皇として朝廷の主人であったのだから、朝廷の官司である織部司の造作が彼に関わりのある造作であったことは言うまでもないだろう。そして、こうした事情により、天皇の御所から見た織部司の方角が凶方に一致する場合、その造作を行うわけにはいかなかったのである。

また、平安時代の凶方（忌方）としては、右に見た個人ごとのものの他、万人共通のものもあった。これは「大将軍《だいしょうぐん》」や「太白神《たいはくしん》」といった神々に起因する凶方であったが、簡単に言えば、これらの神々のいる方角が凶方とされたのである。そして、複雑に移動し続ける大将軍や太白神の所在を常に把握して人々に正確な凶方を教えることも、禁忌管理者としての陰陽師の職能であった。

誰が陰陽師だったのか

法師陰陽師

道摩法師

「御堂関白《みどうかんぱく》」という号の由来ともなった法成寺《ほうじょうじ》への参詣を日課としていた御堂関白藤原道長《ふじわらのみちなが》は、同寺に向かう際、常に一頭の白い犬をともなっていたが、ある日のこと、その白犬が法成寺の門をくぐろうとする道長を制止した。まずは門前に立ちふさがり、さらには着衣をくわえて引っ張り、道長が法成寺の境内に入ることを懸命に阻《はば》んだのである。

これを訝《いぶか》しんだ道長は、ただちに陰陽師の安倍晴明を喚《よ》び寄せる。そして、晴明の卜占《ぼくせん》により、法成寺の境内に道長を呪詛《じゅそ》するための呪物《じゅぶつ》が埋められていることが判明したのである。もし呪詛のことを知らずに境内に足を踏み入れていれば、道長は生命を落とすことになっていたかもしれなかった。

実際、安倍晴明が卜占によって指定した地点を掘り返した人々は、五尺ほどを掘ったところで、呪詛の呪物を発見することになる。それは、二枚の陶製の皿を合わせて黄色い紙こよりで十文字に括《くく》ったものであったといい、また、ここに用いられた二枚の皿の一方の底には、朱色《しゆいろ》の顔料《がんりよう》で何か一字だけ文字が書かれていたという。

これを見た晴明が言うには、このような呪物は、晴明自身を除けば、道摩法師《どうまほうし》にしか作れないはずであった。そして、この予想は的中する。晴明が術によって突き止めた呪物の制作者は、まさに道摩その人だったのである。彼は、左大臣藤原顕光《あきみつ》からの依頼を請《う》けて、藤原道長を呪詛するための呪物を作ったのであった。

以上が『宇治拾遺物語《うじしゆういものがたり》』巻第十四ノ十の「御堂関白《みどうかんぱく》の御犬《おんいぬ》・晴明等《せいめいら》、奇特《きどく》の事《こと》」という話の概略である。もちろん、説話の常として、この話も歴史的な事実を正確に再現しているわけではない。実は、藤原道長が法成寺の原型となる無量寿院《むりようじゆいん》の建立を発願したのは寛仁《かんにん》三年（一〇一九）のことであり、寛弘《かんこう》二年（一〇〇五）に没した安倍晴明が法成寺の境内に埋められていた呪物を発見できたはずはないのである。

ただ、今のところは、そうした時代考証の不備には眼をつぶることにする。そして、ここでは、呪詛の実行犯として右の話に登場する道摩という人物に注目したいと思う。実は、「法師」と呼ばれる身でありながらもある意味では安倍晴明にも匹敵する術者であった彼は、僧侶の姿をした陰陽師なのである。

紙　冠

道摩のような僧形《そうぎょう》の陰陽師というのは、説話の世界だけの存在ではない。安倍晴明が生きた平安時代中期の現実の世界でも、そうした陰陽師が数多く活動していたのである。彼らは、当時の日本において、「法師陰陽師《ほうしおんみょうじ》」と呼ばれていた。その法師陰陽師の姿は、あの清少納言《せいしょうなごん》も目撃している。彼女の『枕草子《まくらのそうし》』には、次のような一節が見られるのである。

○見苦しいものといえば、衣服の背縫《せぬい》を肩に寄せて着ている姿。また、抜《ぬ》き衣紋《えもん》に着ている姿。たまの訪問者を応接するのに子供を背負って出てくる姿。法師陰陽師が紙冠《かみかんむり》を着けて禊祓《みそぎはらえ》をしている姿。

（『枕草子』見ぐるしきもの）

筆者が右に「法師陰陽師が紙冠を着けて禊祓をしている姿」と訳出した部分は、原文では「法師陰陽師《ほうしおんみょうじ》の紙冠《かみこうぶり》して祓《はらえ》したる」と記されている。「法師陰陽師」「紙冠」などは、平安中期当時の人々が使った言葉なのである。そして、頭に「紙冠」を着けて禊祓を行う

図5　頭に紙冠を着けた法師陰陽師（『春日権現霊験記絵』巻8より、宮内庁三の丸尚蔵館所蔵）

「法師陰陽師」の姿というのは、清少納言の感性では、「見ぐるしきもの」を代表する事象の一つであった。

ここで清少納言が「紙冠」と呼んでいるのは、おそらく、たとえば図5として掲げる『春日《かすが》権現《ごんげん》霊験《れいげん》記《き》絵《え》』の一場面において法師陰陽師の頭に見えるもののことであろう。彼の背後に描き込まれた幾つかの小道具——毛髪を挿《はさ》んだ幣帛《へいはく》・筵《むしろ》の上に並ぶ供物《くもつ》の小皿・供物を囲む縄《なわ》・焚火《たきび》の燃え残り——は、ここで今し方まで禊祓が行われていたことを示している。どうやら、この法師陰陽師も頭に紙冠を着けて禊祓を行っていたらしい。

そして、法師陰陽師——僧侶の姿をした陰陽師——が禊祓を行うにあたって紙冠を着用した事情について、『今昔物語集《こんじゃくものがたりしゅう》』に登場する法師陰陽師の一人は、「祓殿《はらえどの》ノ神達《かみたち》ハ法師《ほうし》ヲバ忌《い》ミ給《たま》ヘバ、祓《はらえ》ノ程《ほど》、暫《しばら》ク紙冠《かみこうぶり》ヲシテ侍《はべ》ル也《なり》」と説明する（『今昔物語集』巻第十九第三語）。要するに、禊祓に協力してくれる神々（「祓殿ノ神達」）が僧侶の姿を嫌うとの観念に基づき、神々の眼から坊主頭を隠そうとしていたのである。神々が三宝《さんぽう》（仏《ぶつ》・法《ほう》・僧《そう》）を嫌うというのは、平安時代には多くの人々に共有された観念であった。

庶民層の陰陽師

　このような法師陰陽師たちは、安倍晴明に代表される現役の陰陽寮《おんみようりよう》官人や陰陽寮官人経験者たちとは異なり、官人の身分を持ってはいなかった。また、陰陽師として呪術を行うために自身の僧形を隠そうとした彼らは、当然、朝廷に認可された正規の僧侶でもない。

したがって、法師陰陽師というのは、僧侶の姿をしてはいても、法的には普通の庶民と変わらない存在であった。つまり、現役の陰陽寮官人および陰陽寮官人経験者が官人身分を持つ貴族層の陰陽師であったのに対して、法師陰陽師は庶民層の陰陽師だったのである。

しかし、当時の日本で活動していた陰陽師の大多数は、庶民層の陰陽師である法師陰陽師であったと考えられる。というのは、官人身分の陰陽師だけでは、平安京に住む貴族層の人々の必要さえ、十分には満たせるはずがなかったからである。

「法師陰陽師」と呼ばれる庶民層の陰陽師たちと対置するため、現役の陰陽寮官人や陰陽寮官人経験者として官人の身分を持つ陰陽師たちを「官人陰陽師《かんじんおんみようじ》」と呼ぶとして、安倍晴明に代表される官人陰陽師というのは、その数が非常に限られた存在であった。詳細は拙著『陰陽師と貴族社会』での検証に譲りたいと思うが、平安時代中期、官人陰陽師は常に二十数名ほどしか存在し得なかったのである。

ところが、その当時には、平安京で暮らす貴族層の人々に話を限っても、何百人もが陰陽師の卜占や呪術を必要としていた。これでは、三十名といなかった官人陰陽師たちだけでは、すべての需要を満たせるはずはない。むしろ、官人陰陽師たちは、一部の需要に応えたに過ぎなかったろう。したがって、都に住む貴族層でさえ、その一部の人々しか、官人陰陽師を使うことができなかったことになる。

とすれば、当時の日本人の大多数は、陰陽師の卜占や呪術が必要な場合、法師陰陽師という庶民層の陰陽師を用いるしかなかっただろう。

先に清少納言が「法師陰陽師の紙冠して祓したる」という姿を目撃したことに触れたが、この法師陰陽師に禊祓を行わせたのは、おそらく、清少納言自身であった。また、『紫《むらさき》式部集《しきぶしゆう》』に見える「祓戸《はらえど》の／かみのかざりの／みてぐらに／うたてもまがふ／耳はさみかな」という一首は、紫式部《むらさきしきぶ》が「法師《ほうし》の紙《かみ》を冠《こうぶり》にて」という風体の陰陽師に禊祓を行わせた折に詠《よ》まれたものである。この陰陽師が法師陰陽師であることは言うまでもない。

そして、平安中期に陰陽師を必要とした人々の大半が、右の清少納言や紫式部のごとくに法師陰陽師を利用していたのだとすれば、当然のことながら、当時の日本に存在した法師陰陽師の数は、官人陰陽師のそれをはるかに凌《しの》ぐものであったろう。

だが、そのわりには、平安時代中期の法師陰陽師についての記録は少ない。どんな名前の法師陰陽師がどんな活動をしていたのかといったことは、当時、ほとんど記録に留められなかったようなのである。

法師陰陽師一覧

平安中期の記録の多くが上級貴族層の人々の企図したものであることを考えれば、あるいは、それは当然のことであるかもしれない。権力を握っていた彼ら上級貴族層は、他の人々に比して、身元の確かな官人陰陽師たちを使う機会に恵まれていたはずである。したがって、上級貴族層の人々の場合、庶民層の陰陽師である法師陰陽師に接することはほとんどなかったに違いない。

そうしたことはともかく、表4に名前を並べた七人は、その個人名が記録に残った数少ない平安中期の法師陰陽師たちである。手がかりがかなり限られていることを思えば、わずかに七名分とはいえ、当時の法師陰陽師の個人名が判明したことは本当にありがたい。

表4　平安時代中期の法師陰陽師

名前	活動時期	活動内容	典拠
安正	長保2年(1000)5月～6月	左大臣藤原道長を呪詛した容疑で逮捕され、尋問を受ける。罪状が決まる以前に獄死。	小記目録
円能	寛弘6年(1009)2月	中宮藤原彰子・敦成親王・左大臣藤原道長に対する呪詛に荷担した嫌疑で逮捕され、禁固刑に処される。	権記・百錬抄・日本紀略
道満	寛弘6年2月	円能とともに呪詛事件に関与したことを疑われる。	政事要略
源心(源念)	寛弘6年2月	円能とともに呪詛事件に関与した容疑で逮捕され、尋問を受ける。円能の友人。	日本紀略・政事要略
妙延	寛弘6年2月	円能とともに呪詛事件に関与した容疑で逮捕され、尋問を受ける。円能の弟子。	政事要略
皇延	長和3年(1014)2月	藤原実資のために怪異占を行う。	小右記
	長元3年(1030)5月	小一条院敦明親王妃の藤原頼宗女を呪詛したことで親王家の人々から制裁を加えられる。	小右記
護忠	長元3年5月	小一条院敦明親王妃の藤原頼宗女を呪詛したことで親王家の人々から制裁を加えられる。皇延の弟子。	小右記

しかも、この七人というのは、安倍晴明の時代の都に生きた法師陰陽師たちなのである。彼らの活動の場は、晴明が陰陽師として活動したのとほとんど同じ時期の平安京であった。

それだけに、彼らの一人が「道《どう》満《まん》」と名乗っていたことは、たいへんに興味深い。というのも、プロローグでも取り上げた『安倍晴《あべのせい》明《めい》物語《ものがたり》』という江戸時代の仮名《かな》草子《ぞうし》に、晴明の敵として「蘆屋道《あしやどう》満《まん》」という名前の悪辣《あくらつ》な陰陽師が登場するからである。また、本節の冒頭で紹介した『宇治拾遺物語』の一話に「道摩」という名の法師陰陽師が登場することも、平安中期の平安京に道満という法師陰陽師が実在したことと無関係ではないだろう。

本書の目的から大きく逸《そ》れてしまうため、ここではこれ以上に深く立ち入ることはしないが、「道満」と名乗って平安中期の平安京で活動していた法師陰陽師については、『安倍晴明物語』の蘆屋道満や『宇治拾遺物語』の道摩法師との関係を明らかにするためにも、じっくりと考察する必要があるだろう。この点については、拙著『呪いの都 平安京――呪詛・呪術・陰陽師――』をご覧いただきたい。

呪詛への関与

ところで、『宇治拾遺物語』に登場する道摩法師は、依頼を請けて呪詛を行う法師陰陽師であったが、平安時代中期の平安京で活動した実在の法師陰陽師たちも、しばしば呪詛という犯罪行為に関与していた。

たとえば、前掲の表4に名前の見える七人の法師陰陽師たちは、その全員が呪詛事件の犯人もしくは容疑者であった。彼らがその名を記録に留め得たのは、要するに、呪詛に関与したため、あるいは、呪詛への関与を疑われたためだったのである。前章で明らかにしたように、陰陽師というのは〈呪術を職能とする職人〉であったが、「法師陰陽師」と呼ばれる庶民層に属する陰陽師たちは、ときには呪詛の呪術をも行ったのである。

前掲の拙著において筆者自身が検証したように、記録の残っている当時の呪詛事件の多くは、貴族層の人々からの依頼を請けた法師陰陽師を実行犯としていた。また、法師陰陽師の関与が確かめられる呪詛の大半は、最上級貴族層の人々を標的とするものであり、政争を背景として企図されたものであった。法師陰陽師による呪詛は、当時の貴族層の人々にとって、使い勝手のいい政争の道具だったのである。そうした事情の一部は、表4からでもうかがうことができるのではないだろうか。

一方、安倍晴明をはじめとする官人陰陽師たちについては、呪詛を行っていた証拠を見出すことができない。呪詛が殺人や殺人未遂に准ずる犯罪行為として認識されていた当時の状況からすれば、官人陰陽師たちは呪詛からは慎重に身を遠ざけていたのかもしれない。後述のごとく貴族層の一員でもあった彼らとしては、犯罪に手を染めたことが発覚した場合、それによって失うものが非常に大きかったはずである。

先に紹介した『宇治拾遺物語』の一話において官人陰陽師の安倍晴明が果たしたのは、法師陰陽師の道摩が仕掛けた呪詛から藤原道長を守る役割であったが、平安中期の官人陰陽師たちが呪詛に関わることがあったとすれば、それは、人々を呪詛から守るというかたちでであった。これも、拙著『呪いの都 平安京』において詳しく見たところである。

ただし、法師陰陽師の呪詛から人々を守る役割を果たしていたのは、官人陰陽師たちだけではない。そうした依頼がありさえすれば、法師陰陽師もまた、別の法師陰陽師の仕掛けた呪詛から人々を守ろうとしたのである。清少納言が法師陰陽師に行わせた禊祓などは、案外、呪詛から身を守るためのものであったかもしれない。

官人陰陽師

少数派の陰陽師

本書に言う「官人陰陽師《かんじんおんみようじ》」とは、現役の陰陽寮《おんみようりよう》官人や陰陽寮官人経験者として官人の身分を持つ陰陽師のことである。そして、本書の主人公である安倍晴明は、平安時代中期の官人陰陽師の一人であった。

だが、実のところ、安倍晴明が当時の陰陽師を代表する存在であったにもかかわらず、晴明をその一員とする官人陰陽師は、平安中期の日本で活動していた陰陽師としては、極端なまでの少数派に過ぎなかった。官人陰陽師というのは、当時の陰陽師たちのほんの一部でしかなかったのである。

前節で見たように、平安中期の陰陽師の大半は、官人の身分を持たない庶民層に属する陰陽師であった。僧侶の姿をしていた彼らは、人々から「法師陰陽師《ほうしおんみょうじ》」と呼ばれていた。そして、官人陰陽師たちの主要な活動の場であった平安京においてさえ、そこで活動する法師陰陽師たちの数は、官人陰陽師たちのそれをはるかに上回るものであった。

しかし、この本の主題は、〈なぜ安倍晴明は陰陽師になったのか〉という謎を解明することである。したがって、本書の主人公は、安倍晴明という陰陽師である。そして、その安倍晴明が官人陰陽師の一人であったというのならば、この本では〈なぜ安倍晴明は官人陰陽師になったのか〉ということが明らかにされなければならない。

とすれば、平安時代中期当時における官人陰陽師の位置づけがどうあれ、本書は官人陰陽師について叙述していかなければならないだろう。

官人陰陽師一覧

では、安倍晴明が生きた平安時代中期には、晴明自身の他にどのような人々が官人陰陽師として活動していたのだろうか。

表5から表8までの各表に整理したのは、天延《てんえん》年間（九七三―七五）・寛和《かんな》年間（九八五―八六）・長徳《ちょうとく》年間（九九五―九八）・寛弘《かんこう》年間前半（一〇〇四―〇七）のそれぞれの時期に現役の陰陽寮官人もしくは陰陽寮官人経験者であったことが確認される人々の氏名・位階・官職である。したがって、ここに掲げる四つの表は、四つの時期における官人陰陽師

（表8つづき）

縣奉平	正六上	権天文博士	
大中臣義昌	正六上	権暦博士	
河内遠生	正六上	陰陽允	
惟宗孝親	正六上	陰陽権少允	
錦文保	正六上	陰陽属	
和気久邦	正六上	陰陽権少属	
陰陽寮官人経験者			
安倍晴明	従四下	前天文博士	陰陽道第一者→死没
賀茂光栄	正五下	前暦博士	陰陽道第二者→第一者
惟宗正邦	従五上	前陰陽頭	致仕
賀茂光国	正六上	前天文博士	

たちの名簿の役割を果たすことになろう。

とはいえ、これらの表も、それぞれの取り上げる時期に存在していた現役の陰陽寮官人や陰陽寮官人経験者を完璧に網羅しているわけではない。それどころか、いずれの表も、おそらくは、それぞれの時期の官人陰陽師たちの半数ほどを扱っているに過ぎないだろう。ただ、目下のところは、平安中期の官人陰陽師たちの名簿としては、これ以上のものを望むことは難しいのではないだろうか。

また、表5から表8までの各表の内容は、そのすべてが拙著『陰陽師と貴族社会』に基づくものである。そのため、当該期の官人陰陽師たちの氏名・位階・官職などを各表のように示す根拠については、本書の紙幅の都合も考慮して、すべて前

（表6つづき）

賀茂光国	正六上	前天文博士	

表7　長徳年間（995―998）の官人陰陽師

陰陽寮官人			
秦茂忠	従五下	陰陽頭	陰陽道第三者
安倍吉平	正六上	陰陽助・陰陽博士	
安倍吉昌	正六上	天文博士	
秦連忠	正六上	権陰陽博士	
海守忠	正六上	暦博士	
大春日栄種	正六上	暦博士	
縣奉平	正六上	陰陽允→権天文博士	
大中臣実光	正六上	陰陽権少允	
惟宗文高	正六上	陰陽権少属	
舟木昌成	正六上	陰陽師	
物部公好	正六上	陰陽師	
和気久邦	正六上	陰陽師	
陰陽寮官人経験者			
安倍晴明	正五上	前天文博士	陰陽道第一者
賀茂光栄	正五下	前暦博士	陰陽道第二者
賀茂光国	正六上	前天文博士	

表8　寛弘年間前半（1004―1007）の官人陰陽師

陰陽寮官人			
安倍吉平	従五上	陰陽博士	陰陽道第三者→第二者
安倍吉昌	従五上	陰陽頭・天文博士	
大中臣実光	従五下	陰陽権少允→陰陽助	
惟宗文高	正六上	陰陽助	
賀茂守道	正六上	暦博士	

表5　天延年間（973—975）の官人陰陽師

陰陽寮官人			
文道光	従五上	陰陽博士	陰陽道第二者
安倍晴明	従五下	天文博士	陰陽道第三者
大春日益満	従五下	陰陽頭・暦博士	
賀茂保遠	従五下	権陰陽博士	
秦茂忠	正六上	陰陽権助	
賀茂光栄	正六上	権暦博士	
惟宗是邦	正六上	権天文博士	
賀茂光国	正六上	権天文博士	
秦連忠	正六上	陰陽大属	
陰陽寮官人経験者			
賀茂保憲	従四下	前天文博士	陰陽道第一者

表6　寛和年間（985—986）の官人陰陽師

陰陽寮官人			
安倍晴明	正五下	天文博士	陰陽道第二者→第一者
賀茂光栄	従五上	暦博士	
大春日益満	従五下	陰陽頭	
惟宗是邦	従五下	権天文博士	
秦茂忠	正六上	陰陽権助	
大春日栄業	正六上	陰陽博士	
安倍吉平	正六上	陰陽博士	
安倍吉昌	正六上	天文博士	
縣奉平	正六上	陰陽允	
秦連忠	正六上	陰陽大属	
陰陽寮官人経験者			
文道光	正五下	前陰陽博士	陰陽道第一者→死没
賀茂保遠	従五下	前陰陽助	陰陽道第三者→第二者

著に譲ることにしたい。

なお、こうして官人陰陽師の名簿を入手した天延年間から寛弘年間前半までというと、それは、安倍晴明が天文博士《てんもんはかせ》になった頃から彼が没した頃までの時期に該当する。したがって、四つの表に列挙された官人陰陽師たちについては、その全員が同じ官人陰陽師として安倍晴明を直接に見知っていたと考えていいだろう。現に、彼らのうちの幾人かについては、信頼性の高い記録によって、晴明と活動をともにしていたことさえもが確かめられるのである。

貴族層の陰陽師

わが国の律令《りつりょう》制度は、本来、従五位下《じゅごいげ》以上の位階を持つ人々に「貴《き》族《ぞく》」としての特権を附与していた。つまり、三位《さんみ》以上の位階を有する上級官人と四位《しい》あるいは五位《ごい》の位階にある中級官人とが、法的に「貴族」として扱われるべき人々だったのである。

ただし、そうした厳密な意味での貴族たちを中核として、平安時代中期の日本に「貴族層」というものが存在したことを想定する場合には、正六位上《しょうろくいじょう》の位階を持つ下級官人たちをも、その貴族層の一員として扱わなくてはならないだろう。

少なくとも平安中期以降には、法的に貴族と見なされるための最低条件である従五位下よりも低い位階は、従五位下のすぐ下の正六位上しか存在しなくなってしまう。すなわち、平安中期以降の下級官人は、一律に正六位上の位階を有するようになるのである。そして、正六位上官人というのは、貴族の最末端に位置する従五位下官人の予備軍に他ならなかった。そのため、正六位上官人たちというのは、少なくとも従五位下官人たちとは、共通の社会に生き、文化を共有していたのである。

さて、こうしたことを前提として平安時代中期の官人陰陽師たちの名簿である四つの表を見るならば、ただちに、当時の官人陰陽師たちが貴族層に属する存在であったことに気づくだろう。表5から表8までの各表に名前の見える官人陰陽師たちは、その全員が正六位上以上の位階を有していたのである。これは、安倍晴明の生きた時代にはすべての官人陰陽師が貴族層の一員であったことを意味する。

しかも、それは、安倍晴明が世を去った後の時代の官人陰陽師たちにも共通することであった。表9から表11までの各表が示すごとくである。

ここに新たに掲げる三つの表は、晴明没後の長和《ちょうわ》年間（一〇一二―一六）・治安《じあん》年間（一〇二一―二三）・長元《ちょうげん》年間前半（一〇二八―三一）の官人陰陽師たちについて整理したものである。もちろん、これらの表もまた、それぞれの時期の官人陰陽師たちを完全に網羅し

（表10つづき）

清科行国	正六上	陰陽師	
中原恒盛	正六上	陰陽師	
大中臣貞吉	正六上	陰陽師	
陰陽寮官人経験者			
安倍吉平	従四上	前陰陽博士	陰陽道第一者

表11　長元年間前半（1028—1031）の官人陰陽師

陰陽寮官人			
大中臣実光	従五下	陰陽頭	陰陽道第二者
安倍時親	従五下	天文博士	陰陽道第三者
巨勢孝秀	従五下	陰陽助・陰陽博士	
賀茂道平	正六上	暦博士	
安倍章親	正六上	天文博士	
菅野信公	正六上	漏剋博士	
大中臣為俊	正六上	陰陽允	
中原恒盛	正六上	陰陽允	
清科行国	正六上	陰陽大属	
大中臣栄親	正六上	陰陽少属	
大中臣貞吉	正六上	陰陽師	
菅野親憲	正六上	陰陽師	
陰陽寮官人経験者			
賀茂守道	従五上	前暦博士	陰陽道第一者

表9　長和年間（1012－1016）の官人陰陽師

陰陽寮官人			
安倍吉昌	正五下	天文博士	陰陽道第三者→第二者
惟宗文高	従五下	陰陽頭・陰陽博士	
大中臣実光	従五下	陰陽助	
賀茂守道	従五下	暦博士	
大中臣義昌	正六上	権暦博士	
和気久邦	正六上	権天文博士	
錦文保	正六上	陰陽属	
笠善任	正六上	陰陽師	
陰陽寮官人経験者			
賀茂光栄	従四下	前暦博士	陰陽道第一者→死没
安倍吉平	従四下	前陰陽博士	陰陽道第二者→第一者
賀茂光国	正六上	前天文博士	

表10　治安年間（1021－1023）の官人陰陽師

陰陽寮官人			
賀茂守道	従五上	暦博士	陰陽道第二者
惟宗文高	従五上	陰陽頭	陰陽道第三者
大中臣実光	従五下	陰陽助・漏剋博士	
安倍時親	従五下	陰陽権助・陰陽博士	
安倍章親	正六上	天文博士	
桑原重則	正六上	陰陽允	
惟宗忠孝	正六上	陰陽允	
惟宗行明	正六上	陰陽少允	
大中臣豊明	正六上	陰陽大属	
錦文保	正六上	陰陽属	
巨勢孝秀	正六上	陰陽少属	
大中臣為俊	正六上	陰陽少属	

ているわけではない。しかし、今のところ、当該期の官人陰陽師たちの名簿としては、やはり、これ以上のものを望むことはできまい。

そして、以上に掲げた七つの名簿に見る限り、安倍晴明に代表される平安時代中期の官人陰陽師たちというのは、そのすべてが貴族層に属する陰陽師であった。彼らは、現役の陰陽寮官人あるいは陰陽寮官人経験者として、正六位上以上の位階にある中級官人あるいは下級官人だったのである。

陰陽道第一者

また、以上の七つの名簿には「陰陽道第一者《おんみようどうだいいちしや》」「陰陽道第二者《だいにしや》」「陰陽道第三者《だいさんしや》」といった注記が見えるが、「陰陽道第一者」というのは、官人陰陽師たちの筆頭者のことである。したがって、次席の官人陰陽師が「陰陽道第二者」、第三席の官人陰陽師が「陰陽道第三者」ということになる。

われわれが「陰陽道《おんみようどう》」という言葉を使うとき、それは、普通、陰陽師の扱う一群の観念や技芸を意味していないだろうか。おそらく、現代人が「陰陽道」として理解しているのは、たいていの場合、卜占《ぼくせん》・呪術・禁忌《きんき》管理といった陰陽師の職能、および、そうした職能に関係するさまざまな観念であろう。

しかし、安倍晴明の時代の日本人が用いた「陰陽道《おんみようどう》」という言葉は、陰陽師の扱う一群の観念や技芸を意味するとともに、官人陰陽師たちの同業者集団をも意味していた。すなわち、平安時代中期には官人陰陽師たちの同業者集団が存在していたのであり、かつ、その同業者集団を当時の人々は「陰陽道」と呼んでいたのである。

そして、同業者集団としての陰陽道における地位は、官人陰陽師たちがそれぞれに有していた位階の高低によって決まった。つまり、陰陽道という同業者集団の中でより高い地位にあったのは、官人としてより高い位階を持つ官人陰陽師だったのである。

したがって、この同業者集団の筆頭者となったのは、そのときどきにもっとも高い位階を有していた官人陰陽師であった。つまり、官人陰陽師たちの中の位階最上位者こそが、陰陽道という同業者集団の筆頭の地位を占めたのである。そして、「陰陽道第一者」というのは、そのような立場にある官人陰陽師を意味する言葉であった。

当然のことながら、二番目に高い位階を持つ官人陰陽師は、陰陽道の次席の座にあり、「陰陽道第二者」と呼ばれた。また、三番目に高い位階を有する官人陰陽師は、陰陽道では三番目に高い地位にあり、「陰陽道第三者」と呼ばれたのである。

なお、本節で提示する七つの名簿には、たとえば表6の文道光《ふみのみちみつ》と安倍晴明とのように、位階が同じでありながら序列に上下がついている例も見られるが、位階が同じでもより早くにその位階に上がっていた者を上位者と見なすというのが、当時の官人たちの慣例であった。ともに正五位下《しょうごいげ》官人であった文道光・安倍晴明の二人の場合も、道光が「陰陽道第一者」であり、晴明が「陰陽道第二者」であったのは、道光が晴明に先んじて正五位下に叙されていたからに他ならない。

陰陽道宗家

ところで、表5から表11までの七つの表を見る限り、平安時代中期の官人陰陽師たちの大半は、賀茂《かも》氏でもなければ、安倍《あべ》氏でもない。そして、当時の官人陰陽師について正しく理解するうえで、この点は非常に重要である。

これまで、いわゆる「晴明本」の類のみならず、関係分野の専門家として通っている研究者までもが、平安中期から賀茂氏と安倍氏とが「陰陽道宗家《おんみょうどうそうけ》」として陰陽道を独占し始めたかのように説いてきた。おそらく、「陰陽道宗家」の賀茂・安倍両氏による独占というのは、目下のところ、平安中期の陰陽道に関する常識の一つになっていることだろう。

だが、きちんと平安中期当時の実態に眼を向けるならば、従来の通説的な理解に問題があることは一目瞭然である。表5の取り扱う天延年間（九七三―七五）から表11の取り扱う長元年間前半（一〇二八―三一）までの期間には、平安時代中期の中盤から終盤の途中までが含まれるが、表5から表11までの諸表に見る限り、この時期に賀茂氏と安倍氏とが陰陽道を独占するような事態は起きていない。

当該期の官人陰陽師の多くは、前掲の諸表に明らかなように、縣《あがた》・海《あま》・大春日《おおかすが》・大中《おおなか》臣《とみ》・笠《かさ》・河内《かわち》・清科《きよしな》・桑原《くわはら》・惟宗《これむね》（秦《はた》）・菅野《すがの》・中原《なかはら》・錦《にしき》・舟木《ふなき》・文《ふみ》・物部《もののべ》・和気《わけ》といった、賀茂・安倍以外の多様な氏族から出ていた。そして、そうした諸氏族の中には、賀茂氏や安倍氏よりも多数の官人陰陽師を出す氏族も確認される。たとえば、表11に見る限り、長元年間前半における陰陽道の最大勢力は、四人の陰陽寮官人を出した大中臣氏であった。

このように見るならば、賀茂氏や安倍氏が平安中期に陰陽道を独占していなかったことは明らかであろう。それどころか、その頃の賀茂・安倍両氏は、陰陽道における多数派だったわけでもないのである。

ただ、官人陰陽師たちの筆頭者である陰陽道第一者の地位は、すでに天延年間から、賀茂氏と安倍氏とによってほぼ独占されていた。寛和年間頃の文道光を除けば、天延年間から長元年間前半までの期間の陰陽道第一者は、常に賀茂氏あるいは安倍氏の官人陰陽師だったのである。しかも、当該期に陰陽道第二者や陰陽道第三者になったのも、多くの場合、賀茂氏や安倍氏の官人陰陽師であった。

とすれば、当時の官人陰陽師たちを代表する立場にあったのは、ほとんど常に、賀茂氏および安倍氏の誰かであったことになろう。そして、次章において詳しく見るように、そうした特異な状況こそが、賀茂・安倍両氏を徐々に「陰陽道宗家」と呼ばれるような存在に成長させていったのであった。

陰陽師はどう生きたか

安倍晴明の栄達

安倍晴明という陰陽師は、その死没より一世紀余りを経た頃に編纂された『今昔物語集《こんじゃくものがたりしゅう》』という説話集において、非常に高い評価を与えられている。

『今昔物語集』の安倍晴明評

たとえば、すでに前章でも紹介した『今昔物語集』巻第十九第二十四の「師《し》ニ代《か》ハリテ太山《たいざん》府君《ふくん》祭《のまつり》ノ都状《とじょう》ニ入《い》ル僧《そう》ノ語《こと》」という話は、安倍晴明を登場させるにあたり、「安倍《あべ》ノ晴明《せいめい》ト云《い》フ陰陽師《おんみょうじ》有《あ》リケリ。道《みち》ニ付《つ》キテ止《や》ム事《ごと》無《な》カリケル者也《ものなり》。然《しか》レバ、公《おおやけ》・私《わたくし》此《これ》ヲ用《もち》ヰタリケル」という一節を挿入する。ここに見える「道」というのは、もちろん、「陰陽道」に他ならない。陰陽道に関して非常に優れた人材（「止ム事無カリケル者」）であった安倍晴明は、朝廷（「公」）からも人々（「私」）からも頼りにされていたというのである。

　これと同じことを、『今昔物語集』巻第二十四第十六の「安倍晴明《あべのせいめい》、忠行《ただゆき》ニ随《したが》ヒテ道《みち》ヲ習《なら》フ語《こと》」という話は、もう少し手短に「晴明此《せいめいこ》ノ道《みち》ニ付《つ》キテ、公《おおやけ》・私《わたくし》ニ仕《つか》ハレテ糸《いと》止《や》ム事無《ことな》カリケリ」と表現する。また、この説話には、「晴明尚《せいめいな》ホ只者《ただもの》ニハ非《あら》ザリケリトナム語《かた》リ伝《つた》ヘタルトヤ」という、やや遠回しな評言を見出すこともできる。

　しかしながら、『今昔物語集』の安倍晴明評としてもっとも注目すべきは、右の話の冒頭に置かれた「今《いま》ハ昔《むかし》、天文博士《てんもんはかせ》安倍晴明《あべのせいめい》ト云《い》フ陰陽師《おんみようじ》有《あ》リケリ。古《いにしえ》ニモ恥《は》ヂズ止《や》ム事《ごと》無《な》カリケル者也《ものなり》」という一節であろう。ここに見える「古ニモ恥ヂズ」という言葉は、時代を遡《さかのぼ》れば遡るほどすべてがすばらしかったという価値観を持つ平安時代の人々にとって、最大級の賛辞だったのである。

「道の傑出者」

　とはいえ、いまだ特定されていない『今昔物語集』の編者は、その正体が誰であるにしろ、安倍晴明のことを直接に知っていたわけではない。

　同書が編纂されたのは平安時代後期の十二世紀前葉の後半期であったが、晴明が没したのは平安時代中期の十一世紀初頭なのである。したがって、『今昔物語集』に見える安倍晴明評は、百余年という長い年月の間に虚構をも取り込んで肥大化した安倍晴明像に基づくものであるかもしれない。

では、安倍晴明と同じ時代を生きて彼のことを直接に知っていた人々は、安倍晴明という陰陽師をどのように評価していたのだろうか。

藤原行成《ふじわらのゆきなり》の『権記《ごんき》』によれば、安倍晴明の同時代人たちの間には、晴明を「道《みち》の傑出《けつしゆつ》者《しゃ》」としてもてはやす向きがあったらしい。当然、この場合の「道」も「陰陽道」を意味していようから、安倍晴明は生前から「陰陽道の傑出者」と評されていたことになる。

長保《ちょうほ》二年（一〇〇〇）の十月十一日のこと、一条《いちじょう》天皇が仮御所《かりごしょ》から新造内裏《だいり》へと還御《かんぎょ》するという盛儀があった。前年の六月に火災で焼失した内裏が、めでたく再建されたのを受けてのことである。そして、この還御に際しては、前天文博士の安倍晴明により、新造の内裏において「反閇《へんばい》」と呼ばれる呪術が行われたのであった（表2－16）。

しかし、行成が『権記』に注記するところでは、こうした場合に反閇が行われるのは、これが初めてであった。それまでの先例に従うならば、天皇が新造内裏に入るにあたっては、米を撒《ま》く「散供《さんぐ》」と呼ばれる呪術が行われるべきだったのである。しかも、その場合の散供は、本来、陰陽寮によって行われるべきものであった。

したがって、この日の安倍晴明は、先例と異なる呪術を行ったばかりか、呪術の実行者として陰陽寮という官司にとって代わってさえいたことになる。彼の行った呪術は、異例に異例を重ねたものだったのである。これは、万事に先例が重んじられた当時においては、まさに特筆されるべき出来事であった。

そして、この異例の出来事について、同日の『権記』は「此《こ》の度《たび》は晴明《はるあき》は道《みち》の傑出者《けつしゆつしや》なるを以《もつ》て此《こ》の事《こと》を供奉《ぐぶ》する也《なり》」と説明する。すなわち、安倍晴明という陰陽師に異例の呪術の実行が許されたのは、当時の人々が彼を「陰陽道の傑出者」と認めていたためだったのである。

「陰陽の達者」

また、「陰陽《おんみよう》の達者《たつしや》」というのも、安倍晴明という陰陽師を直接に知る人々による安倍晴明評の一つである。この言葉が意味するのは、やはり、「陰陽道の達人」といったところであろうか。

長保三年（一〇〇一）のこと、閏《うるう》十二月に入ってから一条天皇の生母である東三条院《ひがしさんじよういん》藤原詮子《あきこ》が崩《ほう》じたため、その年の宮中の追儺《ついな》は中止されることになった。「追儺」と呼ばれたのは、新しい年を迎える準備として国内に潜む鬼たちを境界の外に追い払う行事である。その追儺は、この頃には平安京に住む人々の私宅でも行われるようになっていたが、天皇家の喪《も》のために宮中の追儺の中止が決定された長保三年の歳末は、当然、人々が家々の追儺を行えるような雰囲気ではなかった。

ところが、結果的に、京中に住む人々の多くは、その年の大晦日《おおみそか》にも私宅での追儺を行ったらしい。惟宗允亮《これむねのただすけ》という平安時代中期の明法家《みょうぼうか》によって編纂された『政事要略《せいじようりやく》』が、その大晦日の平安京の様子を、「京中《きょうちゅう》は響《ひび》きて共《とも》に以《もっ》て追儺《ついな》す。其《そ》の事《こと》は宛《あたか》も恒例《こうれい》の如《ごと》し」と伝えているのである（『政事要略』巻二十九年中行事十二月下追儺）。

そして、天皇家の喪を憚《はばか》って自宅での追儺を自粛《じしゅく》しようとしていた人々の気持ちを変えたのは、安倍晴明というたった一人の陰陽師であった。すなわち、晴明が自宅での追儺を始めたところ（表2-17）、それを知った京中の人々が、次々に名々の私宅で例年通りに追儺を始めたというのである。これは、惟宗允亮が晴明自身から聞いた話として『政事要略』の伝えるところなのだが、同書は右の一件に関する允亮の感想として「晴明《はるあき》は陰陽《おんみょう》の達者也《たっしゃなり》」という言葉をも伝えている（『政事要略』巻二十九年中行事十二月下追儺）。

なお、この件に関しては、本来、藤原実資《さねすけ》も『小右記《しょうゆうき》』に記録を残していたらしい。この時期の『小右記』には失われた部分が多く、右の一件についての『小右記』そのものの記事を見ることはできないが、その目次として編纂された『小記目録《しょうきもくろく》』には、「長保四年正月七日、諒闇《りようあん》に依《よ》りて追儺《ついな》停止《ちようじ》の間《あいだ》の事《こと》」という一条があり、そこには「晴明《はるあき》の儺《な》を始《はじ》むるに、自余《じよ》の人《ひと》の之《これ》に随《したが》う事《こと》」との注記が見られるのである。

したがって、惟宗允亮が安倍晴明から聞いたとして『政事要略』に記した話については、その内容を史実として認めることができよう。そして、安倍晴明という陰陽師が『政事要略』の伝えるようなかたちで人々に大きな影響を与え得たのは、惟宗允亮の示した「晴明は陰陽の達者也」という認識が、晴明と同じ時代を生きる人々の多くに共有されたものであったからに違いない。

呪術の功績

実のところ、彼の活動を目のあたりにしていた人々にとって、安倍晴明の陰陽師としての功績は、あまりにも顕著なものであった。とくに、その呪術の成果は、晴明の同時代人である藤原道長《みちなが》や藤原実資にとって、まさに特筆すべきものであったらしい。

たとえば、藤原道長の証言によれば、安倍晴明は呪術によって大雨を降らせて旱魃《かんばつ》の災《さい》禍《か》を解消したことさえあったのである。

寛弘《かんこう》元年（一〇〇四）の七月十四日、この日は夜に入ってから大雨となったが、それは、実に三十余日ぶりの雨らしい雨であり、連日の晴天に乾き切っていた国土を潤す恵みの雨となった。そして、同日の『御堂関白記《みどうかんぱくき》』には、久々に大雨が降り出したことが記されるとともに、その雨をもたらしたのが安倍晴明の行った「五龍祭《ごりゅうさい》」と呼ばれる呪術であることが記され、さらには、この功績によって晴明には朝廷から褒賞《ほうしょう》が与えられると決まったということまでが記されている（表2－19）。

この件は『小右記』にも記録されていたらしく、『小記目録』に寛弘元年七月のこととして「同十六日、晴明《はるあき》の五龍《ごりゅう》の御祭《おんまつり》の験《げん》に依《よ》りて勅禄《ちょくろく》を給《たま》わる事《こと》」という一条が見える。残念ながら、『小右記』そのものの同日の記事は現代に伝わっていないが、右の一条が意味するところは、五龍祭という呪術を行って雨を降らせた安倍晴明がその功績によって天皇から褒賞を与えられたということである。これが『御堂関白記』の伝えるところと符合することは言うまでもなかろう。

一方、藤原実資が単独で証言するのは、急病に見舞われた天皇が安倍晴明の呪術によって劇的に快復したという出来事についてである。

「主上《しゅじょう》に俄《にわか》に御悩《おんなや》み有《あ》り。仰《おお》せに依《よ》りて御禊《おんみそぎ》を奉仕《ほうし》せるに、忽《たちま》ちに其《そ》の験《げん》有《あ》り。仍《よ》りて一階《いっかい》を加《くわ》う［正五位上《しょうごいじょう》なり］」――これは、『小右記』の伝える安倍晴明の談話である。

正暦《しょうりゃく》四年（九九三）の二月三日、不意に実資のもとを訪れた晴明は、自身の官人としての昇進を報告するとともに、その昇進の事情を右のように説明したのであった。

ここで言われているのは、晴明の行った呪術が抜群の効果を示したということに他ならない。すなわち、一条天皇が急病に見舞われた折、晴明が禊祓《みそぎはらえ》を行ったところ、天皇はたちどころに快復したというのである（表2－12）。そして、この劇的な成功は、天皇や朝廷の上層部の人々から高く評価され、晴明に位階の昇叙というかたちの褒賞をもたらした。この一件により、晴明の位階はにわかに正五位下《しょうごいげ》から正五位上へと引き上げられたのである。

蔵人所陰陽師

ところで、遅くとも一条天皇が即位した頃から、安倍晴明は蔵人所陰《くろうどどころおん》陽《みょう》師《じ》の任にあった。たとえば、蔵人所の勤務状況報告書の見本として『朝野群載《ちょうやぐんさい》』に収められた長徳《ちょうとく》元年（九九五）八月一日付の「蔵人所月奏《くろうどどころげっそう》」という文書からは、晴明が長徳元年七月の時点で蔵人所陰陽師を務めていたことが知られる（『朝野群載』巻第五朝儀下）。『朝野群載』というのは、先にも触れたように、平安時代後期に編纂された文書集である。

長徳元年といえば、賢君として知られる一条天皇が玉座にあった時代である。そして、表1から表3までの各表に見える安倍晴明の活動には、その一条天皇のためのものがもっとも多く、その他には天皇の家族――生母の東三条院藤原詮子《あきこ》・妃の中宮藤原彰子《あきこ》・第一皇子の敦康《あつやす》親王――のためのものが多い。

藤原実資の『小右記』によれば、永延《えいえん》元年（九八七）の二月十九日、前年の六月に即位した一条天皇が凝華舎《ぎようかしや》から清涼殿《せいりようでん》へと寝所を遷《うつ》すにあたり、晴明は反閇《へんばい》という呪術を行っている（表2－5）。そして、これ以降、一条天皇やその家族のための卜占《ぼくせん》・呪術・禁忌《きんき》管理こそが、安倍晴明という陰陽師の活動の中心となっていく。

そうした活動の中には、天皇のにわかの発病に際して緊急の呪術を行うことなども含まれていた。すでに紹介したように、『小右記』によると、正暦四年二月に急病の一条天皇を救ったのは、安倍晴明の禊祓であった（表2－12）。

このような事実からうかがわれるように、危急の折に駆《か》けつけることも当然のこととして、平生《へいぜい》から天皇やその家族のための卜占・呪術・禁忌管理に従事することが、蔵人所陰陽師に期待された役割であった。要するに、蔵人所陰陽師というのは、天皇家専属の陰陽師のような存在だったのである。

そして、安倍晴明の場合には、一条天皇の即位から晴明自身の死没までの間、一貫して一条天皇の蔵人所陰陽師の任にあったものと思われる。一条天皇が即位して以来、天皇本人およびその家族のための卜占・呪術・禁忌管理こそが、晴明の活動の中心となっていたのである。それは、前掲の諸表にも明らかなことであろう。

では、どうして安倍晴明は一条天皇の蔵人所陰陽師になったのだろうか。あるいは、当時、どのような陰陽師が蔵人所陰陽師になるものだったのだろうか。

「一の上臈」

少なくとも平安時代後期には、陰陽道第一者《おんみようどうだいいちしや》の地位にある官人陰陽師は蔵人所陰陽師の任に就くことになっていたらしい。というのも、当該期の上級貴族の一人である藤原宗忠《むねただ》が、蔵人所陰陽師に関して「一《いち》の上臈《じようろう》は蔵人所《くろうどどころ》に候《そうろ》う也《なり》」との証言を残しているからである。宗忠の日記は『中右記《ちゆうゆうき》』の名称で知られるが、右の「一の上臈は蔵人所に候う也」という言葉は、大治《たいじ》四年（一一二九）の七月八日の『中右記』に見出される。

ここに言う「一の上臈」とは、要するに、もっとも上位の者のことであり、したがって、官人たちの間ではもっとも高い位階を持つ者のことである。もちろん、官人陰陽師たちにとっては、陰陽道第一者こそが「一の上臈」となる。また、「蔵人所に候う」というのは、蔵人所陰陽師として蔵人所に所属するということであろう。

そして、一条天皇の蔵人所陰陽師の任にあった安倍晴明はといえば、確かに、その頃の陰陽道第一者であった。一条天皇が即位したのは寛和《かんな》二年（九八六）の六月だが、表6の示すように、晴明は寛和年間に陰陽道第一者になっていたのである。また、表7および表8からは、その後、晴明が死ぬまで陰陽道第一者の地位を守り続けたことがうかがわれる。とすれば、安倍晴明が蔵人所陰陽師になったのも、「一の上臈は蔵人所に候う也」――陰陽道第一者は蔵人所陰陽師の任にあたる――という原則に従ってのことであったろう。平安後期の『中右記』に書き留められた「一の上臈は蔵人所に候う也」という原則は、どうやら、平安時代中期にまで遡るものだったようである。

陰陽道第二者

しかしながら、少なくとも平安時代中期においては、蔵人所陰陽師を務めたのは、陰陽道第一者だけではなかった。というのは、先に紹介した長徳元年八月一日付の「蔵人所月奏」には、当時の蔵人所陰陽師として、その頃の陰陽道第一者であった安倍晴明の名前とともに、賀茂光栄《かものみつよし》という陰陽師の名前が見えるからである。

この賀茂光栄が官人陰陽師の一人であったことは表5から表9までの諸表より明らかであるが、とくに表7によれば、彼は長徳年間には陰陽道第二者《だいにしゃ》の地位を占めるようになっていた。おそらくは、右の「蔵人所月奏」が取り上げる長徳元年七月には、すでに賀茂光栄が陰陽道第二者になっていたことだろう。

ということは、少なくとも平安中期には、陰陽道第二者もまた蔵人所陰陽師の任に就いていたということである。当時の蔵人所陰陽師の任には、筆頭の官人陰陽師である陰陽道第一者があたるとともに、次席の官人陰陽師である陰陽道第二者までもがあたっていたのである。

ただし、陰陽道第一者と陰陽道第二者とは、対等なかたちで蔵人所陰陽師としての役割を果たしたわけではなかったらしい。このように言うのは、賀茂光栄が安倍晴明ほどには一条天皇のための卜占・呪術・禁忌管理に携わっていないからである。そして、光栄による天皇のための活動が目立つようになるのは、寛弘二年（一〇〇五）の冬に晴明が没してより後のことなのである。もちろん、その頃には光栄は陰陽道第一者となっていた。

とすると、蔵人所陰陽師の役割というのは、基本的に、陰陽道第一者によって果たされることになっていたのかもしれない。あくまで、陰陽道第一者こそが正規の蔵人所陰陽師だったのではないだろうか。平安中期においても、「一の上臈は蔵人所に候う也」というのが、蔵人所陰陽師に関する原則だったものと思われる。

そして、陰陽道第二者が蔵人所陰陽師として活動するのは、陰陽道第一者の補佐や代理の役割を与えられた場合に限られていたのではないだろうか。そうだとすれば、陰陽道第二者は予備の蔵人所陰陽師に過ぎなかったことになろう。

栄達の条件

さて、平安時代中期の陰陽道第一者という地位が、以上に見てきたようなものであったとすれば、この地位を占めていた官人陰陽師は、陰陽師としての名声を得る機会に関して、他の官人陰陽師たちよりも格段に恵まれた環境に置かれていたことになるだろう。

すでに安倍晴明の例を見たように、当時の陰陽師の評価というのは、呪術の成功をはじめとする陰陽師としての活動の成果によって高まるものであった。そして、天皇のためのト占・呪術・禁忌管理などで成果を出した陰陽師は、特別に高い評価を受けることになった。したがって、平安中期の官人陰陽師たちにしてみれば、天皇のための活動で成功を収めることこそが、自身の陰陽師としての評価を高めるための一番の近道だったのである。

だが、その近道は、すべての陰陽師の前に拓《ひら》かれていたわけではない。天皇のためのト占・呪術・禁忌管理などは、蔵人所陰陽師の任にある陰陽道第一者によって、ほぼ独占されてしまっていたのである。その結果、平安中期には、ほとんど陰陽道第一者の立場にある官人陰陽師ばかりが、陰陽師としての名声を勝ち得ることになったのであった。

実際、われわれが希代の陰陽師と見なしている安倍晴明にしても、現存する諸記録に見る限り、まだ陰陽道第二者以下の地位にあった頃には、同時代の人々から特別な存在と見なされていたわけではない。彼が「道の傑出者」あるいは「陰陽の達者」などといった際立って高い評価を受けるようになるのは、あくまで陰陽道第一者として蔵人所陰陽師の役割を独占的に果たすようになって以降のことなのである。

こうした事実からすれば、陰陽道第一者の地位というのは、平安時代中期の官人陰陽師たちにとって、陰陽師としての栄達の結果であるよりも、むしろ、陰陽師として栄達するための条件であった。

もちろん、官人陰陽師の中でもっとも高い位階を有する者が陰陽道第一者となったのであるから、陰陽道第一者となることそれ自体も、ある意味では陰陽師としての栄達の結果であったろう。しかし、陰陽道第一者の地位を手にした陰陽師には、さらにそこから先の栄達が待っていたのである。

その証拠に、賀茂光栄が「神《かみ》と謂《い》うべき也《なり》」（『権記』寛弘八年五月九日条）と賞されるようになったのも、また、安倍吉平《よしひら》が「之《これ》と肩《かた》を比《なら》ぶる者無《ものな》きか」（『小右記』長和五年正月八日条）と讃《たた》えられるようになったのも、表8・表9に明らかなように、彼らがそれぞれに陰陽道第一者となって以降のことであった。

そういう意味では、安倍晴明は栄達の条件を整えるのにずいぶんと長い歳月を要したことになろうか。

晩年の栄達

表6に見えるごとく、晴明が文道光《ふみのみちみつ》の跡を承《う》けて陰陽道第一者になったのは、寛和年間（九八五―八六）のことであった。そして、そのとき、延喜《えんぎ》二十一年（九二一）生まれの晴明は、とうに還暦《かんれき》を過ぎた老人だったのである。われわれが陰陽師の出世頭のように思っている安倍晴明も、実は、六十余歳になるまで栄達の条件を満たすことさえできずにいたのであった。

そうして、ようやく陰陽道第一者の地位に就いて後、ついに「道の傑出者」（『権記』長保二年十月十一日条）と評されるほどの名声を博すようになった長保二年（一〇〇〇）には、晴明の年齢はすでに数えで八十にも達していた。また、彼が「陰陽の達者」（『政事要略』巻二十九）と讃えられたのは、さらに翌年のことである。人々から「道の傑出者」「陰陽の達者」などともてはやされたのは、現代の日本人男性の平均寿命をも超えるほどの高齢に達した最晩年の安倍晴明であった。

したがって、もし彼が八十五歳という当時としては稀有《けう》なほどの長寿を保ち得なかったならば、あるいは、もし彼が晩年に至る以前に陰陽師を引退してしまっていたならば、安倍晴明という陰陽師の活躍が現代にまで語り継がれるようなことにはならなかったに違いない。そうした場合には、当然のことながら、彼が死んでから千年もの後にいわゆる「安倍晴明ブーム」が巻き起こることもなかっただろう。

だが、確かな事実として、安倍晴明という人物は、享年《きょうねん》八十五で世を去る直前まで陰陽師として活動し続けた。そして、その結果、彼は「道の傑出者」「陰陽の達者」として後世に名を残すことになったのであり、われわれは「安倍晴明ブーム」を経験することになったのであった。

「安四位」

ときに、すでに紹介したように、正暦四年（九九三）の二月、一条天皇のための呪術の成功を認められた安倍晴明は、その功績によって正五位下から正五位上へと昇進していた。そして、そんな晴明は、正暦四年二月以降にも、何か加階《かかい》にあずかるほどの大きな功績を上げることがあったのかもしれない。というのも、晴明の極位《ごくい》は正五位上より一つ上の従四位下《じゅしいげ》だったからである。

もし、安倍晴明の従四位下への昇進が、定期昇格のような性格のものではなく、陰陽師として立てた何らかの手柄に対する褒賞であったとして、そのような加階は、まず間違いなく、藤原行成の『権記』に「道の傑出者」という賛辞が書き留められる以前の出来事であった。それは、安倍晴明が「道の傑出者」と評されていたことをわれわれに教えてくれた行成が、長保二年八月十九日の『権記』において、晴明のことを「安四位《あんしい》」と称しているからに他ならない。

従四位下に叙《じょ》されて以降の晴明は、ときに「安四位」と呼ばれていたのだろう。一条天皇の皇后となった藤原定子《さだこ》の母方の祖父にあたる高階成忠《たかしなのなりただ》が、従二位《じゅにい》の位階を有していたことから「高二位《こうにい》」と呼ばれたようなものである。あまりにも手がかりが少なく、現時点では晴明が従四位下に叙された事情までを知ることはできないのだが、その昇進が長保二年八月より以前のものであったことだけは間違いなかろう。

ちなみに、従四位下というのは、平安時代中期当時において、普通の官人陰陽師たちではまず到達することができないような位階であった。現に、表5から表11までの諸表を見ての通り、天延《てんえん》年間（九七三―七五）から長元《ちょうげん》年間前半（一〇二八―三二）までの半世紀余りもの歳月があっても、わずか四人の官人陰陽師しか従四位下には到達できなかったのである。しかも、それは、安倍晴明を入れての四人であった。

惟宗文高の忿懣

陰陽頭惟宗文高

惟宗文高《これむねのふみたか》という官人陰陽師について、万寿《まんじゅ》四年（一〇二七）の七月二十一日の『小右記《しょうゆうき》』には、「文高《ふみたか》は八十有余《はちじゅうゆうよ》なりと云々《うんぬん》。未《いま》だ耄《おいほ》るるには及《およ》ばず。還《かえ》りて奇《あや》しむべし」との評言が見える。すなわち、藤原実資《ふじわらのさねすけ》の見るところ、八十余歳という高齢にもかかわらず、文高にはまったく耄碌《もうろく》したところがなかったのである。その矍鑠《かくしゃく》たる様子は、「還りて奇しむべし」というほどのものであったという。

そんな惟宗文高がとうとう世を去ったのは、おそらく、長元《ちょうげん》四年（一〇三一）の三月からそう遠くない頃であった。というのも、同年の二月二十九日の『小右記』に何かの病気に罹《かか》ったことを記された文高は、これを最後としていずれの記録にも登場しなくなってし

表12　惟宗文高の官歴

官職	在任時期	典拠
陰陽少属	〜長保元年(999)　5月〜	本朝世紀
陰陽助	寛弘元年(1004)某月〜	除目大成抄
権陰陽博士	同　5年(1008)10月〜	除目大成抄
陰陽頭	同　7年(1010)2月〜	除目大成抄
陰陽頭兼長門介	長和5年(1016)正月〜	除目大成抄
陰陽頭兼陰陽博士	〜治安3年(1023)2月〜	除目大成抄
陰陽頭兼備中権介	〜　同	除目大成抄
陰陽頭兼土佐権守	同　〜	除目大成抄

まうからである。文高は長元四年の晩春あるいは初夏に病死したと見ていいだろう。

その場合、文高の享年は九十ほどであったろうか。「八十有余」であったという万寿四年から四年を経て没したのだから、どう少なく見積もっても、文高の享年は八十五を超えていたことになる。つまり、惟宗文高という官人陰陽師は、あの安倍晴明に勝るとも劣らないほどの長寿を保ったのである。

しかも、安倍晴明が生涯を閉じる直前まで陰陽師としての活動を続けていたように、惟宗文高もまた、他界する直前まで陰陽師として活動し続けていたらしい。右に見たように、文高が長元四年二月の月末に病床にあったことを伝えるのは藤原実資の『小右記』であるが、実資が文高の病気のことを記録したのは、その日、実資邸では文高によって鬼《き》気《き》祭《さい》という呪術が行われることになっていたためであった。

ただし、安倍晴明が前天文博士の陰陽寮《おんみようりよう》官人経験者として活動する陰陽師であったのに対して、惟宗文高は死ぬまで現役の陰陽寮官人であり続けた。そして、彼こそが、平安時代中期においてもっとも長く陰陽頭《おんみようのかみ》の任にあった官人陰陽師であった。表12にも見えるように、寛弘《かんこう》七年（一〇一〇）の二月に陰陽頭に就任した文高は、それ以来、およそ二十一年間もの長きに渡り、陰陽頭として陰陽寮という官司の長であり続けたのである。

しかし、その惟宗文高は、陰陽寮の長官である陰陽頭に二十一年間も在任したにもかかわらず、ついに陰陽寮という官司の実質的な最高責任者になることはなかった。なぜなら、遅くとも平安時代中期までには、陰陽頭ではなく、陰陽《おんみよう》道第一者《どうだいいちしや》の地位にある官人陰陽師こそが、陰陽寮の職務行為を主導するようになっていたからである。

軒廊御卜

平安中期以前からの朝廷の公式見解として、国家的な尊崇を受ける神社や寺院での怪異《かいい》は、国家的な災害の予兆であった。そして、そうした怪異があった場合、平安時代の朝廷は、内裏《だいり》の正殿である紫宸殿《ししいでん》の軒廊《こんろう》に神祇官《じんぎかん》および陰陽寮を召喚し、それぞれに当該の怪異の吉凶を占わせることにしていた。これを当時の人々は「軒廊御卜《こんろうのみうら》」と呼んだが、もちろん、平安中期においても、この軒廊御卜は陰陽寮という官司の負う重大な職務の一つであった。

ところが、源経頼《みなもとのつねより》の『左経記《さけいき》』によれば、万寿三年（一〇二六）の八月二十八日、上《かみ》賀茂《がも》社（賀茂別雷《かもわけいかずち》社）にて社前の樹木がたちまちにして枯《か》れるという怪異をめぐって軒廊御卜が行われた際、陰陽寮側の人員として紫宸殿の軒廊に参上したのは、安倍吉平《あべのよしひら》・賀茂守道《かものもりみち》・惟宗文高の三名であった。そして、この軒廊御卜での彼ら三人の席次は、朝廷によって『左経記』に「座次《ざじ》は吉平《よしひら》・守道《もりみち》・文高《ふみたか》なり」と見えるごとくに指定された。

このとき、陰陽寮の公式の職務が遂行されようとする場において、陰陽寮側の人員の筆頭者として扱われたのは、陰陽寮の長官である陰陽頭の惟宗文高ではなく、すでに現役の陰陽寮官人でさえなくなっていた前陰陽博士《おんみょうはかせ》の安倍吉平であった。吉平が前陰陽博士であったことは表10に見える通りだが、右の『左経記』によれば、この時点での彼は主計寮《しゅけいりょう》の長官である主計頭《かずえのかみ》を現職としていた。

そして、そんな吉平が陰陽寮の職務の場で陰陽頭に優る扱いを受けたのは、これも表10よりうかがわれるように、彼が陰陽道第一者であったからに他ならない。当時、陰陽寮の職務に関して最高責任者となるべきは、陰陽頭の官職を帯びる陰陽寮官人ではなく、陰陽道第一者の地位にある官人陰陽師だったのである。

一方、陰陽頭として陰陽寮という官司の長であったはずの惟宗文高は、右の軒廊御卜においては、陰陽寮の職務行為を主導する立場を公式に否定されたのであった。

疎外される陰陽頭

このように陰陽寮の職務をめぐって陰陽頭が疎外された立場に置かれるというのは、平安中期においては、そう珍しいことではなかった。惟宗文高が陰陽頭であった期間だけを見ても、それは実に頻繁に繰り返されていたのである。

たとえば、『御堂関白記《みどうかんぱくき》』によれば、寛弘八年（一〇一一）の七月三日、陰陽寮は三条《さんじょう》天皇が新造の内裏へと遷《うつ》るための吉日吉時の選勘《せんかん》を命じられたが、それは形式的なものに過ぎなかった。というのは、その前日、表9に陰陽道第一者と陰陽道第二者とであったことの見える前暦博士の賀茂光栄《みつよし》と前陰陽博士の安倍吉平とが、すでに実質的な日時勘申《にちじかんしん》を済ませてしまっていたからである。しかも、その間、陰陽頭の惟宗文高は何も知らされずにいたらしい。すべては彼の頭越しに行われたのである。

そして、建前としては陰陽寮の職務ということになっていた件《くだん》の日時勘申をめぐって陰陽頭の惟宗文高に与えられた役割は、陰陽寮からということで朝廷に提出される日時勘文《にちじかもん》に陰陽頭として署名することだけであった。しかし、その署名というのも、日時勘申の最高責任者としてのものではない。この日時勘文に最高責任者として署名したのは、やはり、陰陽道第一者の賀茂光栄であった。

これと同様のことは、万寿三年（一〇二六）の五月にも起きている。陰陽師が卜占《ぼくせん》の結果を書き記した文書を「占文《せんもん》」と呼ぶが、同年同月の九日に陰陽寮が朝廷に提出した宇佐《うさ》八幡宮《はちまんぐう》の怪異に関する占文に最高責任者として署名したのは、陰陽道第一者の安倍吉平であった。そして、このときにも、陰陽頭惟宗文高は、占文に次席の責任者として署名することを余儀なくされたのである。

さらに、寛仁《かんにん》四年（一〇二〇）の九月十四日の日付を持つ日時勘文に至っては、明らかに陰陽寮から朝廷に提出された文書であるにもかかわらず、陰陽頭惟宗文高の署名が割愛されてしまっている。それは賀茂社の宝殿《ほうでん》の造作《ぞうさく》に関する日時勘文であったが、藤原実資が『小右記』に残した写しに見る限り、この勘文には、陰陽道第一者の安倍吉平の署名はあっても、陰陽頭の文高の署名はないのである。

もちろん、ここに安倍吉平の署名が見えるのは、彼が陰陽道第一者として件の日時勘申の最高責任者になっていたためであった。当時の陰陽道第一者には、陰陽寮の職務行為を主導することが求められていたのである。一方、右の日時勘文が陰陽頭惟宗文高の署名を必要としなかったように、平安中期の陰陽頭には、陰陽寮の職務行為に関して、責任者の一人となることさえも期待されなかったのである。

形骸化する陰陽頭

なお、先に見た万寿三年八月の軒廊御卜の折に陰陽寮側の人員の次席として扱われた賀茂守道は、そのとき、表10より察せられるように、陰陽道第二者の地位にある官人陰陽師であったが、それと同時に、陰陽寮官人としては陰陽頭を上司とする暦博士《れきはかせ》であった。一方、その守道に劣る第三席の扱いを受けた惟宗文高は、当時、表10からうかがわれるように、暦博士を下僚として従える陰陽頭の官職を帯びてはいたものの、陰陽道第三者として官人陰陽師たちの同業者集団においては守道より低い地位に甘んじていた。

そして、このような関係があったためであろう、安倍吉平が上座に着くことには不満を示さなかった文高も、守道の下座に置かれることには激しく抵抗した。『左経記』によると、守道より下位の扱いを受けることを不服とした彼は、病気を口実として軒廊への参入をかたくなに拒んだのであった。

だが、周囲の人々が文高の忿懣《ふんまん》に理解を示すことはなかった。「座次は吉平・守道・文高なり」というのは、当時としてはまったく当然の席次だったのだろう。そして、結局のところ、文高も「座次は吉平・守道・文高なり」という席次を受け容れさせられてしまう。

こうした事実が明らかにしてくれるように、平安時代中期においては、陰陽寮の職務に携わるうえでの陰陽寮官人たちの上下関係を決めたのは、陰陽寮の各官職の律令官制上の位置づけではなく、官人陰陽師たちの同業者集団である陰陽道における地位であった。陰陽道第二者の暦博士は、陰陽寮の職務行為をめぐってさえ、陰陽道第三者の陰陽頭よりも優位な立場を占めるものだったのである。

したがって、陰陽頭以外の陰陽寮官職を帯びる官人陰陽師が陰陽道第一者の地位にある場合には、陰陽頭ではない陰陽寮官人が陰陽頭を差し置いて陰陽寮の職務行為を主導することになった。たとえば、表6に見えるように、陰陽道第一者になったばかりの安倍晴明は現職の天文博士であったが、この時期などは、陰陽頭の大春日益満《おおかすがのますみつ》が陰陽寮の職務に関して天文博士の安倍晴明の指図に従わざるを得なかったのである。

陰陽頭の補任状況

ところで、通説によれば、安倍晴明が登場して以来、安倍氏は賀茂氏とともに「陰陽道宗家《おんみょうどうそうけ》」として陰陽寮の主要な官職を独占するようになったはずであった。そして、このような通説は、長い間、研究者の少なくとも一部によっても支持されてきた。

しかしながら、陰陽寮の官職の中でももっとも主要なものである陰陽頭の補任状況を見ただけでも、右の通説が的外れなものであることは明らかであろう。

確かに、安倍晴明が没する前後の時期に陰陽寮の長官である陰陽頭の任にあったのは、晴明を父親とする安倍吉昌《よしまさ》である。詳細は前著『陰陽師と貴族社会』に譲るが、寛弘元年（一〇〇四）の正月に陰陽頭に就任した吉昌は、寛弘七年の二月までその職にあったものと思われる。

だが、その吉昌の後任となったのは、他ならぬ惟宗文高であった。そして、この文高の陰陽頭在任期間は、二十一年間にも及ぶこととなる。すなわち、晴明が没して間もない頃から、陰陽頭という陰陽寮の最重要官職は、二十年以上もの長い歳月、惟宗氏の官人陰陽師によって個人的に独占されていたのである。

そして、これも詳細は前著に委ねるが、惟宗文高に続いて陰陽頭となったのも、長元四年（一〇三一）三月就任の大中臣実光《おおなかとみのさねみつ》・長元八年（一〇三五）十月就任の巨勢孝秀《こせのたかひで》・永承《えいしょう》七年（一〇五二）十二月就任の大中臣為俊《ためとし》など、賀茂氏とも安倍氏とも関係のない面々ばかりであった。惟宗文高の後任の陰陽頭が大中臣実光であったことは、表11からもうかがわれよう。

また、陰陽助や各種の博士などの陰陽頭以外の陰陽寮主要官職にしても、表5から表11までの諸表に明らかなように、少なくとも天延《てんえん》年間（九七三―七五）から長元年間前半（一〇二八―三一）の期間には、賀茂氏や安倍氏によって独占されるようなことにはなっていなかった。つまり、平安時代中期の賀茂氏および安倍氏は、いまだ陰陽寮の主要な官職を独占する「陰陽道宗家」などにはなっていなかったのである。

陰陽道宗家の成立

ただし、平安時代中期の中盤に安倍晴明が陰陽師としての名声を博し始めた頃から、安倍氏は賀茂氏とともに陰陽寮という官司の主導権を独占するようになっていった。

前章に述べたごとく、あるいは、表6から表11までの諸表の示すごとく、安倍晴明が陰陽道第一者となって以降、陰陽道第一者の地位は常に賀茂氏もしくは安倍氏の手中にあった。そして、当該期には陰陽道第一者こそが陰陽寮の職務行為の実質的な最高責任者であったから、陰陽道第一者の地位を独占する賀茂氏および安倍氏は、必然的に陰陽寮の主導権を独占的に掌握することになったのである。

もちろん、官司そのものの主導権の掌握は、やがてはその官司の主要な官職の独占へとつながっていく。現に、平安時代後期以降には、陰陽寮の主要官職のほとんどは、賀茂・

安倍両氏によって占められるようになる。

たとえば、惟宗文高・大中臣実光・巨勢孝秀・大中臣為俊と引き継がれて四十数年間も賀茂氏や安倍氏の就任を拒み続けた陰陽頭なども、天喜《てんき》三年（一〇五五）の秋に安倍晴明の孫の安倍章親《あきちか》が大中臣為俊の後任となって以来、賀茂氏と安倍氏とに独占されてしまう。また、陰陽助や各種の博士なども同様に賀茂・安倍両氏によって独占されていくのだが、陰陽頭のことも含め、詳しくは前掲の『陰陽師と貴族社会』をご覧いただきたい。

このように見るならば、賀茂氏および安倍氏が陰陽寮の主要な官職を独占する「陰陽道宗家」になったのは、従来の通説的な理解に反して、直接に安倍晴明の活躍を目撃した人々が生きた平安中期ではなく、晴明が没してから半世紀以上が経って晴明の活躍が伝説化し始めた平安後期に入ってからであった。そして、その時期になって賀茂氏と安倍氏とに「陰陽道宗家」の地位をもたらしたのは、両氏が平安中期から独占し続けていた陰陽道第一者の地位であった。

一方、陰陽道第一者の地位を手にすることのできなかった惟宗（秦《はた》）氏は、まだ秦氏を名乗っていた頃も含め、平安中期には、幾人もの陰陽頭・陰陽助・各種の博士を出しておきながらも、平安後期以降には陰陽寮の主要官職に就くことができなくなってしまう。平安前期から多数の陰陽寮官人を輩出して陰陽寮を支えてきた惟宗（秦）氏は、こうして明らかに没落していくのであった。

その意味では、惟宗（秦）氏から出た最後の陰陽頭として二十一年間も在職した惟宗文高などは、惟宗（秦）氏が陰陽寮において放った最後の輝きであろう。ただし、それは、線香花火が放つような長く燃え続けるだけの地味な輝きであった。

中原恒盛の挫折

魂　呼

万寿《まんじゅ》二年（一〇二五）の八月――安倍晴明が没してから二十年近くも後のことになる――、ある事件が起きた。それは、当時の大多数の人々にとってはどうでもいいようなことであったが、その時代の官人陰陽師たちにとっては看過できない出来事であった。

同年同月の六日、藤原道長《ふじわらのみちなが》の娘で皇太子敦良《あつなが》親王妃となっていた尚侍《ないしのかみ》藤原嬉子《よしこ》が疫病《えきびょう》に冒《おか》された身体で出産に臨んだ末に生命を落としたが、実は、彼女が息を引き取って間もなく、ある官人陰陽師によって魂呼《たまよばい》（魂喚）という呪術が行われていた。そして、ここで魂呼が実行されたために、「陰陽道《おんみようどう》」と呼ばれる官人陰陽師たちの同業者集団が、あまり穏やかではない動きを見せることになったのである。

藤原実資《さねすけ》の『小右記《しょうゆうき》』によれば、尚侍嬉子の臨終に際して魂呼を行ったのは、中原恒盛《なかはらのつねもり》という官人陰陽師であった。そして、その恒盛による魂呼の実行が「事件」となったのは、恒盛の魂呼の件を伝え聞いた実資がその日記に「近代《きんだい》は聞《き》かざる事也《ことなり》」との所感を書きつけたように、魂呼という呪術が当時としては異例の呪術であったためであった。

「魂呼（魂喚）」と呼ばれる呪術は、その名称から想像される通り、死者の蘇生《そせい》を期して死者の身体から抜け出た霊魂を呼び戻そうとする呪術である。源経頼《みなもとのつねより》の『左経記《さけいき》』によれば、恒盛が嬉子を甦《よみがえ》らせようとして行った魂呼（魂喚）は、死者が横たわる家屋の屋根の上で死者の着ていた衣裳《いしょう》を振りながら死者の霊魂に呼びかけるというものであったらしい。そして、この呪術は、平安時代中期の官人陰陽師たちにとっては異例の呪術であった。

それゆえ、当時の官人陰陽師たちは、中原恒盛が魂呼を実行したことを知ると、小さからぬ動揺を見せた。『左経記』によると、「道《みち》の上臈《じょうろう》」と呼ばれる幾人かが、後日、異例の呪術である魂呼を行ったことを理由に、恒盛に対して一種の罰金刑を言い渡したのである。「道の上臈」というのは、素直に考えれば、官人陰陽師たちの同業者集団である陰陽道（＝道）の位階上位者（＝上臈）のこと、すなわち、陰陽道第一者《おんみょうどうだいいちしゃ》や陰陽道第二者《だいにしゃ》といった地位にある官人陰陽師のことであろう。

どうやら、当時の官人陰陽師たちの多くは、異例の呪術の実行にはかなり消極的であったらしい。そして、それだけに、異例の呪術を行った同業者を処罰することには相当に積極的だったのだろう。だからこそ、陰陽道第一者をはじめとする「道の上臈」たちは、中原恒盛の魂呼を問題視したのであり、さらには、恒盛を処罰することにしたのであった。

新進気鋭の陰陽師

中原恒盛というのは、平安時代中期当時の人々の眼から見て、かなり優秀な陰陽師であったらしい。

『小右記』によれば、治安《じあん》二年（一〇二二）の七月十五日のこと、筑前国《ちくぜんのくに》の「高田牧《たかだのまき》」と呼ばれる荘園《しょうえん》から貢納物《こうのうぶつ》が届くのを心待ちにしていた藤原実資は、試みに中原恒盛に貢納物の到着日を占わせてみた。そして、恒盛が実資に伝えた卜占《ぼくせん》の結果は「今日若《きょうも》しくは来《き》たる廿日《はつか》の着《ちゃく》か」というものであったが、それからほどなくして、本当に実資のもとに貢納物が届いたのである。これには実資も相当に驚いたようで、この日の『小右記』には「恒盛《つねもり》の占《うらな》いは最《もっと》も感歎《かんたん》すべきなり」との所感が記されている。

しかし、恒盛の卜占が的中したのは、このときばかりではなかったらしい。というのは、

表13　中原恒盛の官歴

官職	在任時期	典拠
天文得業生	寛弘７年(1010)某月～	除目大成抄
陰陽師	治安３年(1023)２月～	除目大成抄
陰陽属	～長元４年(1031)２月～	小右記
陰陽允	同　３月～	小右記

右の『小右記』には、「恒盛の占いは最も感歎すべきなり」という言葉に続いて、「占《うらな》う所《ところ》の事《こと》の相《あ》い当《あ》たるは已《すで》に度々《たびたび》に及《およ》べり。賞《しょう》すべきか」とも見えるからに他ならない。実資が知るだけでも、恒盛は幾度も卜占を的中させていたのである。

また、その日記に右のように記した翌日、藤原実資は実際に「占《うらな》いの相《あ》い合《あ》う」という理由で恒盛に褒賞《ほうしょう》の疋絹《ひきぎぬ》を与えたが、その実資が万寿二年（一〇二五）の十一月二十二日に恒盛に桑絲《くわいと》を与えたのも、『小右記』によれば、「時々《ときどき》の占《うらな》いの相《あ》い当《あ》たる。其《そ》の事《こと》を褒《ほ》むる為《ため》、殊《こと》に給《たま》う所也《ところなり》」という事情によってであった。恒盛は実資のための卜占を的中させ続けていたのであろう。

さらに、長元《ちょうげん》四年（一〇三一）の七月五日、上東門院《じょうとうもんいん》藤原彰子《あき》子《こ》の腰病の原因である竈神《かまどがみ》や土公神《どこうしん》の祟《たたり》を除去するための禊祓《みそぎはらえ》を行った中原恒盛は、彰子より具合がよくなった旨《むね》を告げられている。藤原実資が恒盛自身から聞いて『小右記』に記したところなのだが、これによれば、藤原道長の娘で後一条《ごいちじょう》天皇の生母《せいぼ》である上東門院彰子は、恒盛の呪術の効果を実感したようなのである。そして、こうした事例があることからすれば、中原恒盛という陰陽師は、呪術においても高く評価されていたに違いない。

そんな恒盛であったが、彼が官人陰陽師としての活動を始めたのは、治安三年の春のことであった。表13に見えるように、恒盛はその頃に令制陰陽師として正式に官人陰陽師の一人となったのである。したがって、右に紹介したような活動をしていた時期の恒盛は、まさに新進気鋭の陰陽師であった。もしかすると、令制陰陽師の官職を帯びて官人陰陽師としての活動を始めた頃の安倍晴明というのも、このような感じだったのかもしれない。

陰陽道第一者の権威

しかし、その新進気鋭の陰陽師も、自己の才能に慢心したためか、大きな失敗をしでかすことになる。すでに見たように、独断で魂呼（魂喚）という異例の呪術を行った結果、「道の上臈」たちの反感を買ってしまい、罰金刑に処されたのであった。

当然、ここで恒盛を処罰した「道の上臈」たちの筆頭は、この頃に陰陽道第一者の地位にあった安倍吉平《あべのよしひら》であったろう。表10からも推されるところではあるが、この時期の陰陽道第一者は確かに安倍吉平であった。とすれば、官人陰陽師たちの同業者集団である陰陽道の筆頭者として、異例の呪術を行った恒盛の処分についての決定を下したのは、やはり、吉平であったに違いない。

だが、皮肉なことに、その安倍吉平の父親というのも、しばしば異例の呪術を行った陰陽師であった。吉平の父親といえば、当然、あの安倍晴明である。そして、すでに紹介したごとく、彼が流布《るふ》させた泰山府君祭《たいざんふくんさい》も、彼が導入した天皇の遷御《せんぎょ》の折の反閇《へんばい》も、彼自身が定着させる以前には、まさに異例の呪術でしかなかった。

ただ、安倍晴明の行った異例の呪術は、彼の名声を高めることはあっても、その立場を悪くするようなことはなかった。安倍晴明という陰陽師は、しばしば異例の呪術を行っていたにもかかわらず、一度たりとも同業者集団の陰陽道から咎《とが》められてはいないのである。そして、それは、異例の呪術に手を出したとき、晴明はすでに陰陽道第一者の地位にあったためであった。彼は、陰陽道の権威として異例の呪術を行っていたのである。したがって、晴明の行った異例の呪術には、権威が認められることになった。晴明が陰陽道第一者の権威をもって行った異例の呪術は、もはや異例の呪術ではなかったのである。

一方、魂呼を行ったときの中原恒盛は、個人的には才能に恵まれた新進気鋭の陰陽師であったとしても、同業者集団においてはまだまだ下《した》っ端《ぱ》の新人でしかなかった。そのような何の権威も持たない官人陰陽師が異例の呪術に手を出したりすれば、「道の上臈」たちが彼を放っておかないのは当然のことである。恒盛にもいろいろと事情はあったのだろうが、あの時点で異例の呪術を行うというのは、あまりにも早計であった。

なお、安倍吉平が異例の呪術を行った中原恒盛に処分を下す決定をしたのも、おそらくは、自己の陰陽道第一者としての権威を守るためであったろう。下っ端の官人陰陽師たちの逸脱行為を黙認していては、「道の上臈」たちはみずからの権威を保てないのである。したがって、もし恒盛の一件があったときの陰陽道第一者が安倍晴明であったとしても、やはり、「道の上臈」たちは異例の呪術を行ったという理由で恒盛を処罰したことだろう。

天文得業生

ところで、中原恒盛という陰陽師は、おそらく、安倍晴明の息子の安倍吉《よし》昌《まさ》の弟子であったろう。天文得業生《てんもんとくごうしょう》というのは、天文博士の指導を受けて天文を学ぶ天文生《てんもんしょう》（図2）の中の特待生のような存在であったが、表13に示したように、恒盛は寛弘《かんこう》七年（一〇一〇）に天文得業生になっていた。そして、表8および表9から知られるように、恒盛が天文得業生であった時期には、吉昌が天文博士の任にあったのである。

それはともかく、中原恒盛が十年以上も天文得業生として研鑽《けんさん》を続けた末に就いた官職は、天文博士ではなく、令制陰陽師であった。本来ならば、天文博士の指導下にあった天文得業生などではなく、陰陽博士の指導を受けた陰陽得業生《おんみようとくごうしよう》や陰陽生《おんみようしよう》こそが、令制陰陽師として任官しなくてはならない。ところが、遅くとも平安時代中期には、陰陽得業生や陰陽生のみならず、恒盛のような天文得業生や暦博士の指導下にあった暦得業生《れきとくごうしよう》までもが、令制陰陽師の官職に就くようになっていたのである。

次節で紹介する『除目大成抄《じもくたいせいしよう》』には、治安三年の春に行われた陰陽寮内の人事異動に関する文書が収められているが、その文書によれば、中原恒盛が陰陽得業生や陰陽生を差し置いて令制陰陽師に就任したのは、「三道得業生等《さんどうとくごうしようら》の中《うち》、年労第一也《ねんろうだいいちなり》」という理由によってであった（『除目大成抄』第十下成文書生字事）。つまり、そのときの陰陽得業生・暦得業生・天文得業生たちの中でもっとも長く得業生を続けていたのが恒盛だったのであり、そのことで彼は令制陰陽師として任官することができたのであった。

この事実は、当時の「三道得業生」――陰陽得業生・暦得業生・天文得業生――について、そのいずれもが令制陰陽師の候補と見なされていたことを示唆する。そして、実際、中原恒盛という天文得業生は、天文を学びつつ、陰陽師となるための研鑽をも積んでいた。右の文書が、恒盛について「陰陽《おんみよう》を兼習《けんしゆう》し、最《もつと》も師《し》と為《な》すに足《た》る」と証言するごとくである。

おそらく、「陰陽を兼習」するというのは、当時の天文得業生や暦得業生にとって、まったく当たり前のことだったのだろう。そして、このことは、すべての陰陽寮官人が等しく「陰陽師」と呼ばれる職人であったことと無関係ではあるまい。すべての陰陽寮官人が陰陽師として活動できたということは、陰陽寮官人の全員が本来は令制陰陽師の職掌であった職能を身につけていたということなのである。

ちなみに、もし『尊卑分脈《そんぴぶんみゃく》』の安倍氏系図を信じるならば、安倍晴明も令制陰陽師になる以前は天文得業生であった。そして、これが本当だとすると、晴明が令制陰陽師に就任したのも、「三道得業生等の中、年労第一也」という事情によってであったかもしれない。

家　人

こうして令制陰陽師の官職に就いた中原恒盛は、それからほどなくして、当時は右大臣の任にあった藤原実資の家人《けにん》となったものと思われる。

『小右記』によれば、万寿元年（一〇二四）の十月二十九日、前夜に中原恒盛の居宅が強盗に襲われたことを聞き知った藤原実資は、即座に恒盛のもとに見舞いの品を送っている。恒盛が実資の家人であったからである。家人の誰かが火事や犯罪の被害に遭《あ》った際、主家《しゅか》として一定の庇護《ひご》を与えるというのは、実資にはよく見られる行為であった。

一方、藤原実資を主家と仰《あお》ぐ中原恒盛は、万寿二年の十二月十日、実資が永道法師《えいどう》に贈り物をするにあたってその使者を務めている。これも『小右記』に見えるところであるが、こうした贈答の折の使者を務めることは、家人としての責務の一つであった。

しかし、恒盛に関して言えば、彼が実資に家人として迎えられたのは、主として陰陽師としての活動を期待されてのことであったろう。現に、恒盛が令制陰陽師となった治安三年以降、藤原実資の周辺では非常に頻繁に恒盛の陰陽師としての活動が見られるようになるのである。実資の日常的な陰陽師に対する需要のほとんどは、恒盛によって満たされていたと言ってもいいだろう。陰陽師として実資の家人になった恒盛は、言わば、実資専属の陰陽師のような立場にあったのである。

なお、官人陰陽師が大臣や納言の官職を帯びる上級官人＝上級貴族の家人となるというのは、当時、まったく珍しいことではなかった。

たとえば、寛仁《かんにん》三年（一〇一九）の二月五日の『小右記』からは、天文博士安倍吉昌がまだ大納言であった頃の藤原実資の家人であったことが知られる。安倍吉昌といえば中原恒盛の師であるから、ことによると、恒盛が実資を主家と仰ぐようになったのは、実資と吉昌との関係を介してのことであったかもしれない。

また、まだ蔵人頭《くろうどのとう》を務めていた若き日の藤原実資に家人として仕えた官人陰陽師として、県《あがたの》奉平《ともひら》の名前を挙げることができよう。『小右記』を見ると、少なくとも長保《ちようほ》元年（九九九）の頃まで、実資の日常的な陰陽師に対する需要の多くは、この奉平によって満たされていたのである。しかも、奉平は同年の七月十四日および十月六日には実資のための使者をも務めており、奉平が実資の家人であったことは間違いないだろう。

さらに、陰陽頭《おんみようのかみ》惟宗《これむねの》文高《ふみたか》も、左大臣藤原顕光《あきみつ》の家人であったかもしれない。というのは、『小右記』によると、寛仁元年の七月十一日に顕光の妻の使者として藤原実資のもとに縁談を持ってきたのが、その陰陽頭惟宗文高だったからである。

囲い込まれる陰陽寮官職

藤原実資の家人であった中原恒盛は、官人としての出世に関して右大臣の力添えを期待することができた。当時、上級貴族に私的に従属して「家人」と呼ばれた人々は、主家のためにさまざまな活動をする見返りとして、主家から諸々の庇護を受けることができたのであり、その庇護のもっとも重要なものの一つが位階や官職の斡旋《あつせん》だったのである。

長元四年（一〇三一）の三月二十九日の『小右記』には、その日に行われた除目《じもく》の結果が詳細に記されている。そして、藤原実資が同日の除目に殊更《ことさら》に注目したのは、おそらく、この除目に中原恒盛の昇任がかかっていたからであろう。表13からもうかがわれるように、結局、この除目によって恒盛は陰陽属《おんみようのさかん》から陰陽允《おんみようのじよう》への昇任を果たすのだが、それは、実資の右大臣としての力添えがあってのことだったかもしれない。

しかし、右大臣藤原実資の力をもってしても、これ以上に中原恒盛を出世させることはできなかった。すなわち、中原恒盛という官人陰陽師は、令制陰陽師から陰陽属を経て陰陽允になって以降、陰陽寮官人としてそれ以上に昇任することがなかったのである。

平安時代中期において、令制陰陽師から陰陽属を経て陰陽允へと昇任した陰陽寮官人が次に目指すべきは、各種の博士か陰陽助《おんみようのすけ》かであった。たとえば、表7には縣奉平が陰陽允から権天文博士《ごんのてんもんはかせ》へと昇任したことが見えるが、天文得業生出身の中原恒盛も、博士になるとすれば、それは天文博士であったろう。また、表8には大中臣実光《おおなかとみのさねみつ》が陰陽権少《おんみようごんのしよう》允《じよう》から陰陽助へと昇任したことが見えるが、あるいは、恒盛も陰陽助への昇任を望んでいたのかもしれない。そして、いずれは陰陽頭にという程度の夢は持っていたことだろう。

だが、その夢はかなわなかった。そして、中原恒盛の夢を打ち砕いたのは、多数の陰陽寮官人を育て上げてそれぞれに陰陽寮における一大勢力となっていた惟宗・大中臣・賀茂・安倍の四氏であった。

表9・表10・表11からもうかがわれるように、安倍晴明が没してより数年が経った頃から、惟宗氏・大中臣氏・賀茂氏・安倍氏は、陰陽頭・陰陽助・各種の博士といった陰陽寮の主要官職を、次第に囲い込んでいった。そして、恒盛が陰陽允となった頃には、右の四氏でなければ陰陽寮主要官職には就き得ないような体制がほぼ完成していた。それゆえ、恒盛は陰陽寮官人として陰陽允から上に進むことを諦めるしかなかったのである。

そうした意味では、中原恒盛というのは、実に気の毒な陰陽師であった。陰陽師として優れた才能を持っていながら、結局、それに見合うだけの地位も名声も得ることができなかったのだから。明らかに、彼の場合、生まれてくるのが遅過ぎたのである。

安倍晴明の宮仕え

「安四位」の俸給

従四位下《じゅしいげ》に叙《じょ》されて「安四位《あんしい》」と呼ばれていた頃の安倍晴明については、「主税寮《しゅぜいりょう》出雲国《いずものくに》正税《しょうぜい》返却帳《へんきゃくちょう》」という文書によって興味深い事実が知られる。すなわち、その「主税寮出雲国正税返却帳」によれば、長保《ちょうほ》二年（一〇〇〇）および同四年の二ヶ年に渡り、出雲国が「従四位下《じゅしいげ》安倍朝臣《あべのあそん》晴明《はるあき》位禄料《いろくりょう》穀参佰陸《こくさんびゃくろく》拾斛玖《じゅうこくきゅう》斗《と》陸升《ろくしょう》」を支出していたようなのである（『平安遺文』一一六一号）。

ここに「従四位下安倍朝臣晴明位禄料」と見える「位禄《いろく》」とは、四位《しい》官人および五位《ごい》官人が朝廷から支給されることになっていた俸給の一部であるが、中央財政が逼迫《ひっぱく》していた平安時代中期には、その位禄は地方の正税を財源として米で支給されるようになっていた。

そして、長保二年と同四年とに安倍晴明が受け取った位禄は、出雲国が負担した三六〇石《こく》九斗《と》六升《しょう》の米であった。

『延喜式《えんぎしき》』というのは、延喜《えんぎ》五年（九〇五）から延長《えんちょう》五年（九二七）にかけて編纂された古代法典であるが、九条《くじょう》家が保有して現代にまで伝わった『延喜式』の一本は、不用になったさまざまな文書の裏面を利用して書き写されたものである。そして、この九条家本『延喜式』の料紙となった古文書の一通が、右に紹介した「主税寮出雲国正税返却帳」なのである。われわれに「安四位」の収入に関する貴重な手がかりを与えてくれたのは、古人によって不用と見なされた文書の一つに他ならない。

では、その文書によって「安四位」が位禄として手にしたことの知られる三六一石弱には、当時の物価に照らして、どれほどの価値があったのだろうか。

平安中期当時、庶民層の人々が一般的な雑役に従事して手にすることができたのは、一日あたり一升から二升ほどの米であった。たとえば、長保二年に行われた東寺《とうじ》（教王護《きょうおうご》国寺《こくじ》）の改修工事による支出をまとめた「造東寺年終帳《ぞうとうじねんしゅうちょう》」という文書においては、工事に携わった労働者たちの日当が、一人につき一升から二升の米として計上されているのである（『平安遺文』四〇五号）。

したがって、「安四位」が長保二年および同四年に支給された三六一石弱というのは、おおむね三六〇日を一年としていた当時、五十人から百人もの労働者が一年間を暮らせるほどの収入であったことになろう。サラリーマンの平均年収が四百万円前後という現代の日本では、五十人分から百人分の年収というのは二億円から四億円ほどにもなろうか。

このような事実は、安倍晴明という陰陽師が「平安貴族」と呼ばれる人々の一人であったことを実感させてくれる。

安倍晴明という平安貴族

われわれ現代人がほとんど陰陽師としてしか関心を示さない安倍晴明も、実は、五十歳を過ぎる天延《てんえん》年間（九七三—七五）あたりから、法的に貴族として扱われる従五位下《じゅごいげ》官人になっていた。表5の示すごとくである。

ちなみに、法的には最低位の貴族に過ぎない従五位下官人でも、その収入は庶民層の人々のそれとは比べものにならないほどに大きかった。

たとえば、安倍晴明の息子で父親と同じく官人陰陽師になった安倍吉平《あべのよしひら》の場合、従五位下の位階にあった長保四年（一〇〇二）、位禄として二一四石七斗四升もの米を支給されている。件《くだん》の「主税寮出雲国正税返却帳」より、出雲国が同年に「従五位下安倍朝臣吉《じゅごいげあべのあそんよし》平位禄料穀弐佰拾肆斛漆斗肆升《ひらいろくりょうこくにひゃくじゅうよんこくしちとよんしょう》」をも支出していたことが知られるのである。この二一五石弱という数字は、だいたい三十人から六十人ほどの労働者の年収に相当する。現代の日本に置き換えると、一億二千万円から二億四千万円くらいの収入であろう。

しかも、五位官人の俸給には、位禄の他にも、毎年の春と秋とに支給されることになっていた季禄《きろく》というものがあった。「季禄」と呼ばれる俸給は、本来、絁《あしぎぬ》・綿・布・鍬《くわ》のかたちで与えられることになっていたが、延喜主税式《えんぎしゅぜいしき》所載の禄物価法《ろくもつかほう》に従って米に換算するならば、従五位下の官人の一年分の季禄は約三十七石となる。これは、最大で労働者十人分の年収を上回る数字である。われわれの感覚では、二千数百万円から四千数百万円といったところである。

こうして、その俸給の大きさを目の当たりにすると、従五位下官人として辛うじて公式に貴族と認められる程度の貴族であっても、貴族は貴族であったことがよくわかる。貴族としては最低位の従五位下官人でも、一般的な労働者ではけっして及びもつかないほどの莫大な収入を見込めたのである。そして、われわれがもっぱら陰陽師として認識する安倍晴明も、そんな高額の俸給を約束された平安貴族の一人であった。

ちなみに、晴明の極位《ごくい》は従四位下であったが、その従四位下という位階にある官人の季禄は、一年分で五十九石ほどであった。この数字は、だいたい八人から十六人の労働者の年収に相当しよう。

ただし、律令制の弛緩が著しかった平安時代中期においては、右に見たような俸給の規定がどれほど実効性を持っていたかは疑わしい。

有名無実化する俸給

本来ならば、従五位下以上の位階を有する官人には、位階に応じた俸給として、「位田《いでん》」というものも与えられるはずであった。これは、官人各自がそれぞれに経営すべく与えられる田地であり、そこでの収穫が官人たちの懐に入ることになっていた。たとえば、従四位下官人ならば、二十町の田地を与えられて三八〇石ほどの収入を見込めたはずであり、また、従五位下官人の場合にも、八町の田地を与えられてそこから一五二石ほどの収入を期待できるはずであった。

しかし、平安中期の四位官人や五位官人には、位田から収入を得ていた様子は見られない。先に確かに位禄を支給されていたことを見た安倍晴明や安倍吉平についても、それぞれに位田を経営して収穫を上げていたことは確認できず、それどころか、位田そのものを与えられたことさえ確認できないのである。おそらく、四位や五位を極位とする中級官人層の人々の場合には、律令制が機能不全に陥っていた当時、もはや位田からの収入をあてにすることはできなかったのだろう。

また、すでに紹介した季禄という俸給も、平安時代中期には徐々に有名無実化していったものと思われる。

例の「主税寮出雲国正税返却帳」には、出雲国が康保《こうほ》三年（九六六）に「権医師《ごんのくすし》出雲《いずもの》清明《きよあき》当年《とうねん》秋冬《あきふゆ》季《き》禄《ろく》料《りょう》参佰《さんびゃく》伍拾《ごじゅう》漆束《しちたば》玖《きゅう》把《わ》」を支出していたことが見え、平安中期の中盤には季禄が稲穂のかたちで支給されるようになっていたことがうかがわれる。ちなみに、ここで権医師の出雲清明が半期分の季禄として支給された三五七束九把の稲穂は、米に換算すれば十八石弱に相当する。

そして、「主税寮出雲国正税返却帳」に見る限り、この三五七束九把を最後として、出雲国が中央の官人の季禄を負担することはなくなる。財政の健全化に失敗し続けていた当時の朝廷は、出雲国に出雲清明の季禄を支出させた康保三年頃を転機に、官人たちに季禄を支給するための努力をやめてしまったのかもしれない。念のために付け加えておくと、現存する記録や文書からでは、平安時代中期の官人陰陽師たちの誰かが季禄を受け取ったという事例を見出すことはできない。

「安四位」の位禄

さらに、平安時代中期の現実として、四位あるいは五位の位階にある中級官人たちの大半は、位禄の支給さえもあてにすることができなかった。『西宮記《さいきゅうき》』というのは、平安中期に源 高明《みなもとのたかあきら》という一世源氏《いっせいげんじ》によって編纂された儀式書であるが、同書によると、当時の四位官人および五位官人たちのうちで位禄の支給が制度的に保障されていたのは、特定の官職を帯びる一握りの人々だけであった（『西宮記』恒例第二二月位禄事）。

では、安倍晴明の位禄はどうなっていたのだろうか。

まず、長保二年および同四年については、安倍晴明に従四位官人の位禄が支給されたことを確実視してよい。そして、表14にも示したように、晴明の官職は、長保二年には大膳《だいぜん》大夫《だいぶ》、同四年には左京 権大夫《さきょうごんのだいぶ》であった。とすると、大膳職《だいぜんしき》の長官である大膳大夫や左京《さきょう》職《しき》の長官である左京大夫というのは、この頃でも位禄を支給された数少ない官職の一つだったのだろう。

これは、大膳職や京職がある種の徴税に関わる官司であったためかもしれない。ちなみに、宮内省《くないしょう》の管下にあって朝廷主催の儀式に必要な饗膳《きょうぜん》や供物《くもつ》の調進を職務としたのが大膳職であり、また、左京（東京）の行政全般を職務としたのが左京職である。

ときに、藤原行成《ふじわらのゆきなり》の『権記《ごんき》』によれば、大膳大夫の官職を帯びていた長保二年の十月二十一日のこと、安倍晴明は叙位《じょい》の儀において式部大輔《しきぶたいふ》の代官《だいかん》を務めていた。「叙位」と

表14　安倍晴明の官歴

官　職	在 任 時 期	典　拠
陰陽師	～康保４年(967)　６月～	本朝世紀
天文博士	～天禄３年(972)　12月～	親信卿記
〔散位？　前天文博士〕	～正暦５年(994)　５月～	本朝世紀
主計権助	～長徳元年(995)　８月～	朝野群載
主計権助兼備中介	～　同　３年(997)　正月～	除目大成抄
大膳大夫	同　～	除目大成抄
〔散位〕	～長保３年(1001)⑫月～	政事要略
左京権大夫	～　同　４年(1002)11月～	権記

注　○内の数字は閏月を示す。

いうのは官人たちに位階を授ける儀式であり、また、官人の人事を司る式部省《しきぶしょう》の次官が式部大輔である。そして、この日の叙位の儀には、正規の式部大輔が何らかの事情で参加できなかったらしく、その代役を晴明が果たしたのであった。従四位下官人として高額の俸給を受けていた晴明は、一官人として、このような公務を与えられることもあったのである。

しかし、長保二年には大膳大夫、同四年には左京権大夫であった安倍晴明も、その間の長保三年には散位《さんい》の身であった。官人が官職を持たない状態を「散位」と呼んだが、惟宗允亮《これむねのただすけ》の『政事要略《せいじようりゃく》』は、長保三年歳末の追儺《ついな》をめぐって晴明を「陰陽《おんみょう》の達《たつ》者《しゃ》」と賞賛するとともに、その時点での晴明が散位であったことを証言しているのである。

そして、その年の安倍晴明には位禄の支給はなかったものと思われる。制度上、散位官人には位禄は支給されないことになっていたためである。例の「主税寮出雲国正税返却帳」を見る限り、出雲国は長保三年には「従四位下安倍朝臣晴明位禄料穀参佰陸拾斛玖斗陸升」を負担せずに済んでいたのだが、それは、この年の晴明に位禄を受給する資格がなかったからに違いない。

主計権助安倍晴明

それでも、それ以前の数年間の安倍晴明は、問題なく位禄を受け取っていたものと思われる。というのは、表14に見えるように、晴明が大膳大夫の任に就いたのは長徳《ちょうとく》三年（九九七）の正月だったからであり、また、それ以前にも遅くとも長徳元年の八月には主計権助《かずえごんのすけ》の官職を帯びていたからである。

大膳大夫に位禄の支給があったことは右に見た通りだが、主計助《かずえのすけ》というのも位禄の支給を保障される官職であった。『西宮記』によれば、「二寮《にりょう》」と通称された主計寮《しゅけいりょう》および主《しゅ》税寮《ぜいりょう》の頭《かみ》および助《すけ》には、位禄が支給されることになっていたのである（『西宮記』恒例第二二月位禄事）。これも、主計寮・主税寮が徴税に関わる官司だったためであろう。

なお、安倍晴明の主計権助から大膳大夫への転任は、晴明自身が希望したものであったらしい。というのは、主計寮が幾人かの主計寮官人の人事異動を申請するために作成した長徳三年正月二十五日付の文書より、主計権助の安倍晴明が大膳大夫への転任を申請したことが知られるからである（『除目大成抄』第七下連奏主計寮）。

その文書が現代に伝わっているのは、鎌倉時代初期に『除目大成抄《じもくたいせいしょう》』という書物に収録されてのことなのだが、同書には平安時代の人事異動関係の文書や人事異動に関する先例が集成されている。そして、その『除目大成抄』によれば、件の文書には、主計頭を務める小槻《おづき》某という人物の署名とともに、「正五位上《しょうごいじょう》行《ぎょう》権助《ごんのすけ》兼《けん》備中介《びっちゅうのすけ》安倍朝臣《あべのあそん》晴明《はるあき》」という署名も加えられていた（『除目大成抄』第七下連奏主計寮）。どうやら、主計権助の官職を帯びていた頃の晴明は、それなりに主計寮の責任者としての職務も果たしていたらしい。

それはともかく、主計権助あるいは大膳大夫であった頃の安倍晴明は、その官職によって位禄の支給を保障されていたわけだが、その期間の大部分を正五位上《しょうごいじょう》の官人として生きていた。彼が従四位下に叙されたことが確認されるのは、大膳大夫になってしばらく後の長保二年に入ってからのことなのである。したがって、当該期の彼の位禄は、正五位官人のそれであった。ただ、残念ながら、件の「主税寮出雲国正税返却帳」からも、当時の正五位官人の位禄がどれほどのものであったかを知ることはできない。

また、これについてもその具体的な大きさを知ることはできないのだが、主計権助であった頃の安倍晴明には、一時的に備中介《びっちゅうのすけ》としての収入もあったはずである。というのは、すでに見たように、主計寮が作成した長徳三年正月二十五日付の文書には、「正五位上行権助兼備中介安倍朝臣晴明」という署名が見られるからである。

備中介安倍晴明

言うまでもなく、備中介というのは、備中国《びっちゅうのくに》を治める国司の次官である。当時、国司として地方での徴税にあたった受領《ずりょう》たちには巨富を築く機会が与えられており、それゆえに、各国の国司の長官である守《かみ》は中級官人たちの熱望する官職であった。一方、国々の介《すけ》の多くは、「遥任国司《ようにんこくし》」と呼ばれる任地に赴《おもむ》くことのない名目的な国司に過ぎず、任国での徴税権を持つわけでもなかった。そして、安倍晴明の備中介も、そのような遥任国司であったものと思われる。

だが、そうした遥任国司の介であっても、当時の慣例として、受領である守を通じて任国から一定の収入を得ることができた。もちろん、備中介を兼ねていた頃の晴明にも、備中介としての得分があったことだろう。

こうした事情から、遥任国司の介さえもが、当時、多くの中級官人たちによって望まれる官職となっていた。現に、安倍晴明が備中介を兼官することができたのも、少なくとも大江匡衡《おおえのまさひら》という当代を代表する文章家との競合に勝ってのことであった。実は、当時の秀作を集めた『本朝文粋《ほんちょうもんずい》』という詩文集には、文章博士《もんじょうはかせ》の任にあった大江匡衡が備中介の官職を兼ねることを望んで提出した長徳二年四月二日付の申文《もうしぶみ》が収められており（『本朝文粋』巻第六）、晴明と匡衡との間に備中介をめぐる競争があったことが知られるのである。

ちなみに、大江匡衡が備中介の兼官を望んで提出した申文というのは、自己の恪勤《かくごん》と窮乏とを大いに誇張したうえで、備中介を切望することを訴えたものであった。そして、当時の任官のための申文とは、おおむね、そのようなものであった。とすれば、同じ官職を望んで匡衡と競り合った晴明も、匡衡が記したのと同じような趣旨を記した申文を提出していたに違いない。だが、その申文は、官職をめぐる競争には勝ったものの、名文と見なされるようなものではなかったらしく、現代にまで伝わってはいない。

天文博士安倍晴明

安倍晴明が絶対に位禄の支給を受けられない散位の身であった時期としては、右に見た長保三年の他、主計権助に就任する直前の正暦《しょうりゃく》五年（九九四）が考えられる。

『本朝世紀《ほんちょうせいき》』という史書によれば、同年の五月十五日に朝廷が疫病《えきびょう》流行の鎮静化を期して仁王講《にんのうこう》という仏事を催したのは、「前天文博士《ぜんてんもんはかせ》正五位上《しょうごいじょう》安倍朝臣晴明《あべのあそんはるあき》」の具申を容《い》れてのことであった。そして、ここに正暦五年の五月頃の晴明が「前天文博士」であったことが知られるわけだが、史書が殊更に「前天文博士正五位上安倍朝臣晴明」などと記すからには、その頃の晴明は何も現職を持っていなかったに違いない。

だが、現職の天文博士であった頃の安倍晴明については、きちんと位禄を支給されていたと考えていいだろう。『西宮記』によれば、天文博士を含む各種の博士というのも、位禄の支給が保障される官職だったのである（『西宮記』恒例第二二月位禄事）。

そして、表14の示すように、安倍晴明は遅くとも天禄《てんろく》三年（九七二）の十二月には天文博士に就任していた。また、表5の示すように、彼は天延年間には五位官人になっていた。したがって、晴明の天文博士在任が正暦四年（九九三）までであったとすれば、彼が天文博士として位禄を保障されていた期間は、二十年間ほどにも及ぶことになろうか。

ただし、安倍晴明が天文博士として支給を保障された位禄は、最初のうちは従五位官人のものであったろう。『本朝世紀』には寛和《かんな》二年（九八六）の二月十六日に「天文博士《てんもんはかせ》正《しょう》五位下《ごいげ》安倍朝臣晴明《あべのあそんはるあき》」が太政官庁舎の怪異《かいい》を占ったことが見えるが（表1-2）、天文博士に就任した当初から晴明が正五位下の位階を有していたわけではない。彼が正五位下に叙されたのは、寛和二年からそう遠くない時期であろう。そして、それ以前の安倍晴明は、当然、従五位官人であった。

「天文博士職田」

ここまでに見てきた位禄・季禄・位田などは、いずれも官人たちの有する位階に対応した俸給であったが、律令の規定では、官人たちの帯びる官職に対応した俸給というものも存在していた。それが、幾つかの特定の官職だけに与えられることになっていた「職分田《しきぶんでん》」と呼ばれる田地である。

「摂津国租帳《せっつのくにそちょう》」として現代に伝わっている文書は、年次不明の摂津国の租税台帳《そぜいだいちょう》の一部なのだが、その「摂津国租帳」からは、摂津国豊嶋郡《としまぐん》に「天文博士職田壱町《てんもんはかせしきでんいっちょう》」が存在していたことが知られる（『平安遺文』補四六号）。そして、この「天文博士職田壱町」こそが、天文博士に与えられた職分田の一部である。

ちなみに、右の「摂津国租帳」は、九条家本『中右記《ちゅうゆうき》』の料紙となったことで今日まで生き残った文書の一つである。すでに紹介したように、『中右記』というのは平安時代後期の藤原宗忠《むねただ》の日記であるが、その日記を不用になった文書の裏面を利用して書き写したものが、九条家本『中右記』なのである。したがって、「摂津国租帳」が作られたのは、宗忠が生きた時代からそう隔たらない頃であったと思われる。

その「摂津国租帳」に「天文博士職田壱町」についての記載があるのだから、天文博士に職分田が与えられるという制度は、おそらく、安倍晴明の生きた時代にも機能していたのだろう。また、天文博士の職分田は四町と規定されているにもかかわらず、摂津国に置かれた「天文博士職田」が一町のみであったことからすれば、職分田は幾つかの国に分割して与えられるものであったに違いない。

いずれにせよ、職分田を与えられた官人は、それを各自の裁量で経営して、そこからの収益を俸給として手にすることになった。したがって、名々の経営手腕によって収入は大きくも小さくもなり得たのである。ただ、天文博士に与えられる四町の職分田から期待できる収益は、平均的なところで、七十六石ほどであったろう。

なお、安倍晴明の場合には、左京権大夫在任時にも職分田を与えられていたものと思われる。左京大夫には二町の職分田が与えられることになっていたが、この規定は権官の左京権大夫にも適用されたのではないだろうか。そして、そうであったとすれば、左京権大夫の任にあった頃の安倍晴明は、すでに見た従四位官人の位禄に加えて、二町の職分田からの三十八石ほどの収益をも懐に入れていたことになろうか。

ところで、正暦五年の五月までに前天文博士の散位となって以降に安倍晴明が歴任した諸官職を見ると、そのうちのどれ一つとして、俸給の確保に役立たないものはない。主計権助といい、大膳大夫といい、左京権大夫といい、すべて位禄の支給を保障される官職であった。また、主計権助との兼官であった備中介も、少なからぬ収入をもたらしたことだろう。

どうやら、平安時代中期に中級官人として生きた安倍晴明は、当時の中級官人にとっては非常に効率のよい官歴を重ねたらしい。そして、晴明が中級官人なりに順調な官途を歩み得た背景には、彼が藤原道長《みちなが》の家人《けにん》となっていたという事情があったものと思われる。

順調な官途の背景

安倍晴明の息子の安倍吉昌《よしまさ》が大納言《だいなごん》藤原実資《さねすけ》の家人であったことは、すでに前節に見た通りである。おそらく、吉昌の場合には、陰陽師として卜占《ぼくせん》・呪術・禁忌《きんき》管理などを行うことで実資に仕えていたのだろう。そして、陰陽師としての評価は父親とは比べるべくもなかった吉昌が、表8・表9に見えるごとくに意外に順調な官途を歩み得たのは、しばしば主家《しゅか》の実資の強い後押しを受けたためであったと考えられる。

とすると、天文博士を辞して後の安倍晴明の官途があまりにも順調であった理由も、やはり、彼が誰か有力な上級貴族の家人となっていたことに求められるべきであろう。そして、その場合に晴明が主家と仰《あお》いだ人物としてまず第一に考えられるのが、当時の事実上の最高権力者であった藤原道長である。

『御堂関白記《みどうかんぱくき》』によれば、仏像の製作を避けるべき「滅門日《めつもんにち》」という凶日にあたっていた寛弘《かんこう》元年（一〇〇四）の六月二十日のこと、自宅にて造仏を始めようとしていた藤原道長のもとに滅門日のことを連絡したのは、他ならぬ安倍晴明であった（表3-16）。陰陽師として道長の家人となっていた晴明にとっては、このようにして主家の道長が禁忌に触れる行為に及ぶのを防ぐことも、家人としての務めだったのであろう。

ここで思い出したいのが、陰陽師の卜占に関連して紹介した『古事談《こじだん》』の説話であり、また、法師陰陽師《ほうしおんみょうじ》に関連して紹介した『宇治拾遺物語《うじしゅういものがたり》』の説話である。というのも、これらの説話において御堂関白藤原道長を守る陰陽師として登場するのが、両話に共通して安倍晴明であるからに他ならない。ことによると、説話の中で道長を守護する陰陽師がいつも晴明であるのは、両者の間に主家―家人の関係があったという史実を反映してのことなのかもしれない。

惟宗是邦の下向

惟宗《これむねの》是邦《これくに》という官人陰陽師は、平安時代史を専門とする研究者の間では、どうかすると安倍晴明よりもよく知られた存在であるかもしれない。というのも、この陰陽師の名前は、かの「尾張国《おわりのくに》郡司《ぐんじ》百姓《ひゃくしょう》等《ら》解《げ》」にも見えているからである。

「尾張国郡司百姓等解」

周知のごとく、一般に「尾張国郡司百姓等解」あるいは「尾張国《おわりのくに》解文《げぶみ》」と呼ばれているのは、平安時代中期の尾張国の郡司や百姓たちが尾張守《おわりのかみ》藤原《ふじわらの》元命《もとなが》の解任を求めて朝廷に提出した文書である（『平安遺文』三三九号）。元命が受領国司《ずりょうこくし》として行った苛政《かせい》や非法《ひほう》を弾劾《だんがい》する三十一ヶ条を中核とした右の文書は、永延《えいえん》二年（九八八）の十一月八日の日付を持っており、本書の関心に引きつけて言えば、安倍晴明が陰陽道第一者となって少し経った頃に作成されたことになろうか。

その「尾張国郡司百姓等解」の第三十条は、元命が都から「従類《じゅうるい》」として連れてきた官人たちによる不法行為の数々を訴えるが、そこに「五位一人《ごいいちにん》」として名前を挙げられているのが、「天文権博士《てんもんごんのはかせ》」の惟宗是邦なのである。「天文権博士」というのは権天文博士《ごんのてんもんはかせ》のことであろうから、これにより、永延二年頃の惟宗是邦が五位の位階《いかい》を持つ権天文博士であったことが知られるわけだが、それとともに、その頃に彼が尾張守の「従類」の一人として尾張国に下っていたことも知られよう。

しかし、惟宗是邦が尾張国にいたことは、それ自体が違法行為であった。「尾張国郡司百姓等解」にも触れられているように、本来、従五位下《じゅごいげ》以上の位階を有する官人たちは、朝廷から公式の許可を与えられなければ、畿外《きがい》に出ることができなかった。だが、是邦の尾張国への下向には朝廷の認可はなかったらしい。もちろん、彼は尾張国の国司の任にあったわけでもない。

しかも、是邦が尾張国でやっていたことは、「尾張国郡司百姓等解」によれば、同国の人々からの不法な収奪であった。彼やその仲間の「不善《ふぜん》の輩《やから》」は、実際には存在しない田地に税を課して余計な税を取り立てることもあれば、視察と称して訪れた農村に必要以上に長く滞留して連日の饗応《きょうおう》を強《し》いることもあったという。惟宗是邦という五位官人は、禁を犯して尾張国に下ったうえに、不法行為を働いて同国の人々を苦しめていたのである。

無論、惟宗是邦が尾張国に下って不法な収奪に励んだのは、それによって財を成すためであった。結局、「尾張国郡司百姓等解」が原因となって藤原元命は任期の途中で尾張守を解任されてしまうが、しかし、元命とその一党とは三ヶ年にも渡って収奪の限りを尽くしたというから、元命はもちろん、その「従類」の一人であった是邦も、それ相応の財を蓄えることができたのではないだろうか。

都を離れる陰陽寮官人たち

そして、実のところ、平安時代中期には、少なくとも幾人かの陰陽寮《おんみようりよう》官人が、惟宗是邦が尾張国において果たしたのと同じ目的のもと、受領国司に付き従って地方に下っていた。

たとえば、前節でも紹介した『除目大成抄《じもくたいせいしよう》』所収の陰陽寮官人の人事異動に関する治《じ》安《あん》三年（一〇二三）の文書によると、その頃、陰陽大属《おんみようのだいさかん》の大中臣豊明《おおなかとみのとよあき》が肥後守《ひごのかみ》藤原致《むね》光《みつ》とともに肥後国《ひごのくに》に下向している（『除目大成抄』第十下成文書生字事）。当然のことながら、この陰陽大属豊明が肥後守致光に付き従って肥後国に向かったのは、かつて惟宗是邦が尾張国でそうしたように、地方の人々を搾取《さくしゅ》することで財を得るためであったろう。

また、右の文書によれば、寛弘《かんこう》元年（一〇〇四）には、陰陽属《おんみようのさかん》の錦文保《にしきのふみやす》が筑後守《ちくごのかみ》菅野文信《すがののふみのぶ》にともなわれて筑後国《ちくごのくに》に下向していた（『除目大成抄』第十下成文書生字事）。ここに筑後守として登場する文信がそれ以前に藤原元命の後任として尾張守を務めていたことは単なる偶然であろうが、陰陽属文保が筑後守文信とともに鎮西《ちんぜい》に向かったのも、やはり、蓄財を目的としてのことであったものと思われる。

ただし、錦文保の場合には、菅原文信が筑後守の任期を終えて帰洛しても、ともに都に戻ってくることはなかった。件《くだん》の文書によれば、彼は「逃亡《とうぼう》」してしまったのであり、その行方は治安三年春の時点でも不明のままであった（『除目大成抄』第十下成文書生字事）。ことによると、錦文保という官人陰陽師は、都の陰陽師としての人生を捨て、鎮西のどこかに土着する道を選んだのかもしれない。

実際、当時の官人陰陽師には、現職の陰陽寮官人でありながら生活の場を地方に移してしまう者もあった。たとえば、寛仁《かんにん》三年（一〇一九）の六月十日の『小右記《しょうゆうき》』によれば、現職の権天文博士である和気久邦《わけのひさくに》が、いつの間にか伊予国《いよのくに》に住み着いてしまっていたのである。おそらくは、この久邦の場合にも、蓄財を目当てに伊予国の受領国司に付き従って下向した挙げ句に、同国に土着する人生を選んだのであろう。伊予国といえば、当時としてはもっとも豊かな国の一つであった。

目代を務める陰陽寮官人たち

平安時代中期の受領国司には、「目代《もくだい》」と呼ばれる人々が仕えていた。受領国司と目代との関係は、朝廷によって公式に認められたわけではないまったく私的なものに過ぎなかったが、受領国司より任国支配の全権を委任された目代たちは、主家の受領国司に代わって国々の支配にあたったのであった。

そして、権天文博士惟宗是邦という五位官人が尾張国に下ったのは、尾張守藤原元命の目代としてであったかもしれない。というのは、当時の陰陽寮官人の幾人かについて、受領国司の目代となっていたことが確認されるからである。

たとえば、万寿《まんじゅ》二年（一〇二五）の正月に大和守《やまとのかみ》に任命された藤原保昌《やすまさ》の意向を承《う》けて大和国《やまとのくに》の支配にあたった目代たちの一人は、権天文博士の官職を帯びる安倍氏の陰陽寮官人であった。万寿二年十一月頃に作成されて大和国宇智郡《うちぐん》の栄山寺《えいざんじ》に伝わっていた文書から、同国の目代の一人が「権天文博士安倍朝臣《ごんのてんもんはかせあべのあそん》」と名乗っていたことが知られるのである（『平安遺文』五〇三号）。表10・表11から察するに、この「権天文博士安倍朝臣」というのは、『尊卑分脈《そんぴぶんみゃく》』の安倍氏系図に安倍晴明の孫として見える安倍章親《あきちか》であろう。

また、東大寺に伝わっていた文書の一つからは、平安中期の終盤に現職の陰陽允《おんみょうのじょう》が美作国《みまさかのくに》の目代を務めていたことが推される。その天喜《てんき》五年（一〇五七）二月十日付の文書に「陰陽允惟宗《おんみょうのじょうこれむね》」と署名した人物は、美作国の国司が東大寺に米四十石を納める旨《むね》を保証しているのである（『平安遺文』八五〇号）。このような約束をするからには、やはり、件の「陰陽允惟宗」は、美作国を治める受領国司の目代に違いない。ちなみに、右の文書の端裏には「陰陽《おんみょうの》□行真《ゆきざね》、美作返抄申文《みまさかのへんしょうのもうしぶみ》」との書き込みがあり、「陰陽允惟宗」という署名の主の名前が正しくは惟宗行真《ゆきざね》であったことが察せられる。

さて、以上のような実例が確認できるのであれば、権天文博士惟宗是邦が尾張守藤原元命の目代であったという推測も、そうそう的外れなものではあるまい。また、その是邦と同じように受領国司に付き従って地方に下った陰陽大属大中臣豊明・陰陽属錦文保・権天文博士和気久邦などについても、それぞれの下向先で目代を務めたことを想定してもいいのではないだろうか。

なお、惟宗是邦・安倍章親・和気久邦などは、権天文博士の任にあったことから見て、当然、算術に通じていたはずである。そして、算術というのは、日代を務めるにはほぼ必須の技能であった。とすれば、大中臣豊明・錦文保・惟宗行真なども、暦得業生《れきとくごうしょう》あるいは天文得業生《てんもんとくごうしょう》として算術を修めた陰陽寮官人であったかもしれない。

権天文博士惟宗是邦

ところで、永延二年（九八八）十一月八日付の「尾張国郡司百姓等解」に「天文権博士」と見える惟宗是邦は、実は、永延二年の時点ではすでに前権天文博士になっていたかもしれない。

前出の『朝野群載《ちょうやぐんさい》』という文書集に収められた天文得業生惟宗忠盛《ただもり》の天文博士への登用を申請する嘉保《かほ》二年（一〇九五）正月二十二日付の文書によると、天文得業生であった惟宗是邦が権天文博士に補されたのは、天延《てんえん》元年（九七三）の某月のことであった（『朝野群載』巻第十五天文道）。右の文書は是邦が正官《せいかん》の天文博士に就任したかのように記しているが、表5にも見えるように、この頃、すでに安倍晴明が正官の天文博士であったから、是邦は権官《ごんかん》の天文博士として任官したと見ていいだろう。

そして、表6にも明らかなように、安倍晴明はその後もしばらく天文博士に在職し続けるのだが、右に見た文書は、天延二年の六月のこととして、賀茂光国《かものみつくに》という天文得業生が天文博士に抜擢されたとするのである（『朝野群載』巻第十五天文道）。しかし、このときも晴明こそが正官の天文博士であったわけだから、賀茂光国が就任したのは、やはり、権官の天文博士であったことになる。そして、その場合、これ以前に惟宗是邦が権天文博士の官職を辞《じ》していなくてはならない。つまり、是邦は天延二年六月までには前権天文博士になっていたはずなのである。

実のところ、惟宗是邦については、何一つとして彼が権天文博士として活動した形跡を見出すことができない。したがって、もし「尾張国郡司百姓等解」と右の『朝野群載』所収の文書とが現代に伝わっていなかったならば、われわれは惟宗是邦が権天文博士の官職を帯びたことがあったという事実を知ることさえなかっただろう。

このことから察するに、惟宗是邦という人物は、天文得業生として一定の期間を過ごした後に権天文博士に取り立てられてはみたものの、実際に天文博士としての務めを果たせるほどの知識や技能を備えてはいなかったのではなかろうか。そうでなければ、就任の翌年に解任されるようなことにはならなかっただろう。

では、惟宗是邦に代えて賀茂光国を権天文博士に任用する判断を下したのは誰だったのだろうか。

天文道の人材不足

前述のように、この時期に天文博士の任にあったのは安倍晴明である。また、表5の示すように、その頃の陰陽頭は大春日益満《おおかすがのますみつ》であった。したがって、この二人あるいは二人のいずれかが是邦を解任することを判断したと考えるのが順当なようにも思われる。しかし、これを判断したのは、おそらく、前天文博士で当時は陰陽道第一者《おんみょうどうだいいちしゃ》の地位にあった賀茂保憲《やすのり》であったろう。

ただし、その賀茂保憲が権天文博士惟宗是邦の解任を決めたのは、陰陽道第一者としてではない。この決定は、天文道第一者《てんもんどうだいいちしゃ》としての保憲によって下されたものであった。

これまでにも幾度か触れたように、平安時代中期には、すべての陰陽寮官人および陰陽寮官人経験者たちが「陰陽道《おんみょうどう》」と呼ばれる同業者集団を構成していたが、これと同じように、当時の天文博士・権天文博士および前天文博士・前権天文博士たちは、そのすべてが「天文道《てんもんどう》」と呼ばれる同業者集団の構成員となっていた。そして、この天文道における位階最上位者については、天文関係者たちの筆頭者として、「天文道第一者」と呼ばれていたことが推測される。もちろん、この天文道第一者も官人陰陽師の一人に他ならない。

したがって、当時において天文博士の職務を主導したのは、天文道第一者の地位にある官人陰陽師であった。たとえば、藤原行成《ゆきなり》の『権記《ごんき》』によれば、長徳《ちょうとく》元年（九九五）の十月十七日、安倍晴明は朝廷に対して天文博士の職務に関わる上申をしているが、このときの晴明はすでに天文博士を辞して主計権助《かずえごんのすけ》を現職としていた。しかし、この時点で陰陽道第一者の地位にあった彼は、必然的に天文道第一者の地位にもあり、それゆえに、陰陽寮の天文部門の職務を主導する立場にあったのである。

そして、表5に見えるように、惟宗是邦が権天文博士を解任された頃には、前天文博士の賀茂保憲が陰陽道第一者の地位にあった。とすれば、この保憲が当時の天文道第一者であったことは言うまでもあるまい。

なお、賀茂保憲の判断によって惟宗是邦の後任となった賀茂光国は、保憲の息子の一人である。が、この光国についても、権天文博士としての活動を確認することはできない。おそらく、彼もまた、是邦と同様、天文博士の任に堪えるような人材ではなかったのだろう。もしかすると、この頃の天文道は、ひどい人材不足に陥っていたのかもしれない。

落日の惟宗氏

いずれにせよ、惟宗是邦こそが惟宗（秦《はた》）氏から出た最後の天文博士であった。現存する記録や文書に見る限り、是邦が短期間で権天文博士を解任されて以降には、惟宗氏からは正官の天文博士も権官の天文博士も出ていないのである。

確かに、先に触れた嘉保二年（一〇九五）正月二十二日付の文書は、天文得業生惟宗忠盛を天文博士に任命することを申請していた（『朝野群載』巻第十五天文道）。が、惟宗忠盛は天文博士にも権天文博士にもなれなかったらしい。右の文書を収める『朝野群載』には、複数の陰陽寮官人たちの人事異動を申請する康和《こうわ》二年（一一〇〇）正月二十一日付の文書も収められているのだが、その申請書において、「前天文得業生《ぜんてんもんとくごうしょう》」の惟宗忠盛を令制陰陽師に任命することが改めて請われているのである（『朝野群載』巻第十五陰陽道）。

一方、惟宗（秦）氏からの最後の陰陽博士および陰陽頭となったのは、すでに紹介した惟宗文高《ふみたか》であったが、この文高の前に陰陽博士や陰陽頭の任に就いた惟宗氏は、長保《ちょうほ》元年（九九九）の十二月二日の『小右記』に陰陽博士と見え、長保二年九月二十六日の『権記』に陰陽頭と見える惟宗正邦《まさくに》である。その名前から見て、彼は惟宗是邦の兄弟であろう。

また、この正邦が出る以前にも、秦連忠《はたのつらただ》が陰陽博士となり、秦具瞻《ともみ》や秦茂忠《しげただ》が陰陽頭となっていた。彼らの官歴についての詳細は前著『陰陽師と貴族社会』に委《ゆだ》ねるが、まだ秦氏を名乗っていた頃の惟宗（秦）氏は、平安時代中期の途中まで、陰陽寮においてもっとも有力な氏族であり、陰陽寮の主要官職を独占しかねないような勢いをも持っていたのである。

ところが、その勢いを平安中期の半ばを過ぎても保っていられたのは、惟宗正邦と惟宗文高との二人だけであった。惟宗是邦の不甲斐《ふがい》なさはすでに見た通りであるが、正邦の息子の孝親《たかちか》なども情けないものであった。

『除目大成抄』に見える陰陽寮官人の人事異動の先例によれば、惟宗孝親が陰陽権少《おんみょうごんのしょう》允《じょう》に補されたのは、寛弘《かんこう》元年（一〇〇四）のことである（『除目大成抄』第七下連奏陰陽寮付陰陽道）。そして、官職制度の解説書として鎌倉時代初期に編纂された『官職秘鈔《かんしょくひしょう》』によれば、孝親の令制陰陽師より陰陽允への昇任は、父親の陰陽頭惟宗正邦が自身の辞職を条件に実現させたものであった（『官職秘鈔』下陰陽寮少允）。だが、その後、孝親が陰陽権少允より上級の陰陽寮官職に昇任することはなかった。これならば、正邦が陰陽頭に在任し続けた方が、惟宗（秦）氏には意味があったかもしれない。

こうして、惟宗是邦という不肖《ふしょう》の権天文博士を出してしまったあたりから、惟宗（秦）氏の勢力は、眼に見えて衰退していったのであった。

賀茂保憲の先例

「陰陽の基摸」

すでに紹介したように、生前に「道《みち》の傑出者《けつしゆつしゃ》」「陰陽《おんみょう》の達者《たつしゃ》」と評判をとった安倍晴明は、寛弘《かんこう》二年（一〇〇五）に死してから百年ほどの後には「古《いにしえ》ニモ恥《は》ヂズ止《や》ム事《ごと》無《な》カリケル者也《ものなり》」という最大級の賛辞を奉じられることになる。平安時代後期の人々にしてみれば、平安中期の中盤に活躍した安倍晴明という陰陽師は、まさに伝説的な存在だったのである。

だが、晴明が他界してからまだ四半世紀ほどしか経たない平安中期の終盤くらいには、平安時代中期の陰陽師としてもっとも高く評価されていたのは、その安倍晴明ではなかった。

長元《ちょうげん》五年（一〇三二）の四月四日、宇治《うじ》関白《かんぱく》藤原《ふじわらの》頼通《よりみち》の転居に際して陰陽師の関与する諸呪術が必要か否かが問題になった。というのも、頼通の縁者や側近が諸呪術の実行を当然視していたのに対して、頼通自身が諸呪術の省略を望んだためである。そして、頼通の側近の一人である源《みなもとのつねより》経頼が主人を説得するために持ち出したのは、彼の『左経記《さけいき》』によれば、半世紀以上も前の貞元《じょうげん》二年（九七七）に没した賀茂保憲《かものやすのり》という陰陽師の所説であった。

この賀茂保憲という陰陽師がその頃の人々にとってどのような存在であったかは、長元五年五月四日の『左経記』に見える「当朝《とうちょう》は保憲《やすのり》を以《もっ》て陰陽《おんみょう》の基摸《きぼ》と為《な》す」という一節に明らかであろう。これは博識をもって知られた清原頼隆《きよはらのよりたか》という人物の口から出た言葉なのだが、この言辞にうかがわれるように、平安中期終盤に生きた人々にとっては、平安中期序盤に活躍した賀茂保憲こそが、「陰陽の基摸」＝陰陽師の規範となる存在だったのである。

ちなみに、頼隆が「当朝は保憲を以て陰陽の基摸と為す」と口にしたのは、日の吉凶に関して安倍時親《あべのときちか》という陰陽師と意見を異にした折であった。どうやら、頼隆が保憲の所説に従って日の吉凶を理解したのに対して、時親は保憲の見解を支持しなかったらしい。

ここに登場する安倍時親というのは、当時の「道《みち》の上臈《じようろう》」の一人であり、安倍晴明の孫である。そして、長元三年九月十七日の『小右記《しようゆうき》』から知られるように、この頃には、日の吉凶に関して「晴明一家《はるあきいつか》の申《もう》す所《ところ》」が頼られることも当たり前になっていた。すなわち、日の吉凶についての説として、安倍晴明が子孫に伝えた見解も一つの権威になっていたのである。

しかしながら、平安中期終盤において人々がより高い権威を認めていたのは、安倍晴明ではなく、賀茂保憲であった。当時の人々がより重きを置いたのは、晴明の所説ではなく、保憲の所説だったのである。右に紹介した「当朝は保憲を以て陰陽の基摸と為す」という言葉によって端的に表現されているのは、そうした事情に他なるまい。

官人陰陽師の出世頭

そんな賀茂保憲と本書の主人公である安倍晴明とは、没年は三十年近くも隔たっているものの、実は、生年はそれほどには離れていない。寛弘二年（一〇〇五）に享年《きようねん》八十五で世を去った晴明は延喜《えんぎ》二十一年（九二一）の生まれであったが、貞元二年（九七七）に享年六十一で他界した保憲は延喜十七年（九一七）に生まれていたのである。

ところが、こうして同じ頃に生まれて同じような道に進んだにもかかわらず、賀茂保憲

表15　賀茂保憲の官歴

官　　職	在　任　時　期	典　拠
暦生	～天慶4年(941)　7月～	別聚符宣抄
暦博士	～天暦4年(950)　某月～	北山抄
陰陽頭	～天徳元年(957)　8月～	九暦
陰陽頭兼天文博士	同　4年(960)　4月～	扶桑略記
天文博士兼主計権助	～応和2年(962)　12月～	甲子革令勘文
天文博士兼主計頭	～天禄元年(970)　11月～	類聚符宣抄
主計頭	～天延元年(973)　5月～	朝野群載

の官人陰陽師としての人生は、安倍晴明のそれに比べて、はるかに順調なものであった。

たとえば、陰陽寮《おんみょうりょう》の主要官職の一つである天文博士に就任したとき、安倍晴明はすでに五十歳ほどになっていたが、同じく陰陽寮主要官職の一つである暦博士《れきはかせ》に就任したとき、賀茂保憲はまだ三十五歳にもなっていなかった。表14と表15との示すごとくである。

また、これも表14および表15が示すように、賀茂保憲は四十歳を過ぎる頃までに陰陽寮の長官である陰陽頭《おんみょうのかみ》を経験することになるが、安倍晴明は生涯に渡って陰《おん》陽助《みょうのすけ》になることとすらなかった。さらに言えば、晴明は四十七歳になってもまだ令制陰陽師の任にあったが、当時の陰陽寮において、令制陰陽師というのは最下級の官職であった。

そして、これほどまでに陰陽寮官人としての経歴に違いのあった二人は、従五位下《じゆごいげ》に叙《じよ》されて法的に貴族として扱われる身となった年齢も大きく異なっていた。

父親の賀茂忠行《ただゆき》に先んじて叙爵《じよしやく》された賀茂保憲は、天暦《てんりやく》六年（九五二）の四月二十七日の日付で自身の従五位下の位階《いかい》を父に譲るための申請書を朝廷に提出しており、彼の栄《えい》爵《しやく》が暦博士在任中の三十六歳のときの出来事であったことが知られる。なお、右の文書は、『朝野群載《ちようやぐんさい》』に収められて現代にまで伝わったものである（『朝野群載』巻第九功労）。

これに対して、安倍晴明の場合には、四十七歳までに従五位下に叙されることはあり得なかった。右に触れたように、晴明は四十七歳にして一介の令制陰陽師に過ぎなかったが、当時、令制陰陽師というのは正六位上《しようろくいじよう》官人が帯びるべき官職だったのである。晴明の叙爵は、どんなに早くとも、天文博士に補されて以降の五十余歳の頃であったろう。

しかし、五十歳過ぎで栄爵にあずかれるというのは、平安時代中期の一般的な官人陰陽師たちにとっては、かなり羨《うらや》ましいことであったに違いない。当時の官人陰陽師たちの多くは、叙爵を受けることもなく生涯を終えたのである。また、大半の陰陽寮官人は、陰陽頭・陰陽助・各種の博士といった陰陽寮の主要官職に就くこともできないものであった。

とすれば、右に見た賀茂保憲と安倍晴明との官歴の違いによって示されるのは、晴明の出世が遅々としていたことではなく、保憲の昇進が異常に速かったことなのであろう。

先例を創る陰陽師

賀茂保憲が極位《ごくい》の従四位下《じゅしいげ》に叙されたのは、五十八歳になった天延《てんえん》二年（九七四）のことであった。『朝野群載』所収の長治《ちょうじ》二年（一一〇五）二月二十一日付の文書は、彼の玄孫にあたる賀茂成平《なりひら》の加階《かかい》を申請するために作成されたものであるが、そこには平安時代中期以来の官人陰陽師たちの加階の先例が列挙されており、保憲が天延二年十一月の加階によって従四位下官人となったことが知られるのである（『朝野群載』巻第十五暦道）。

その従四位下という位階は、受領《ずりょう》国司《こくし》の官職と同様、平安中期の中級貴族層の人々の大多数にとっての羨望《せんぼう》の的であった。当時の現実として、下級官人の家に生まれて辛苦《しんく》の末に従五位下に叙された人々はもちろん、中級官人の家に生まれて相応の苦労の末に従五位下に叙された人々も、その多くは従四位下の位階には辿《たど》り着《つ》けなかったのである。そして、現役の陰陽寮官人および陰陽寮官人経験者のすべてを含む官人陰陽師の場合、賀茂保憲が従四位下に叙されるまで、誰一人として、従四位下以上の位階を有することはなかった。

こうして官人陰陽師が従四位下に叙される先例を拓《ひら》いた賀茂保憲は、陰陽道第一者の地位にある官人陰陽師が陰陽寮官人ではなくなる先例をも拓いた。従四位下官人となった保憲が陰陽道第一者であったことは言うまでもないが、表15の示すように、従四位下に叙された頃の保憲は、主計頭《かずえのかみ》を現職とする前陰陽頭・前天文博士であり、陰陽寮の官職を帯びてはいなかったのである。

また、陰陽頭以外の官職を帯びた陰陽寮官人が陰陽道第一者となる先例を創《つく》ったのも、賀茂保憲その人であった。表15に見えるごとく、保憲は遅くとも天徳《てんとく》元年（九五七）の八月までに陰陽頭に補《ほ》されており、この頃の彼は陰陽頭の任にある陰陽道第一者であった。ところが、表15にも示したように、その後、陰陽頭として天文博士を兼ねることになった彼は、ついには陰陽頭を辞して天文博士を兼ねる主計権助《かずえごんのすけ》になってしまう。つまり、陰陽道第一者の地位にある官人陰陽師が、陰陽寮の官職としては天文博士しか帯びていない状態になってしまったのである。

なお、すでに触れたように、賀茂保憲は主計頭や主計権助を歴任していたが、官人陰陽師が主計寮《しゅけいりょう》の長官や次官に就任するようになったのも、保憲以来のことであった。表14に主計権助を務めたことの見える安倍晴明も含め、保憲の後の陰陽道第一者は、保憲の官歴を先例として、主計頭や主計助に補されるようになるのである。そして、主計寮の長官や次官というのは、すでに説明したように、当時の官人陰陽師たちにしてみれば、就任するに越したことはない非常にありがたい官職であった。

「三道博士」

太宰府天満宮《だざいふてんまんぐう》に「大宰府政所《だざいふまんどころ》牒案《ちょうあん》」として伝わる日付を欠く文書は、平安時代中期終盤の天喜《てんき》年間（一〇五三―五七）に作成されたと考えられているが、この文書は賀茂保憲のことを「主計頭《かずえのかみ》三道博士《さんどうはかせ》賀茂朝臣保憲《かものあそんやすのり》」と称する（『平安遺文』四六二三号）。そして、その死後、平安中期終盤までに「三道博士」と呼ばれることになった賀茂保憲という陰陽師は、陰陽《おんみょう》・暦《れき》・天文《てんもん》の三道に秀でた逸材中の逸材であった。

賀茂保憲の官人陰陽師としてのすごさは、「陰陽師」と呼ばれる職人として卜占《ぼくせん》・呪術・禁忌《きんき》管理に長じていたのみならず、暦および天文にも長じていたところにあった。陰陽寮という官司の職務は陰陽・暦・天文・漏剋《ろこく》の四つの部門に及んでいたが、そのうちの三つまでを保憲は得意としていたのである。

ただし、「三道博士」と呼ばれた保憲も、表15より知られるように、暦博士・天文博士を歴任してはいても、陰陽博士の官職を帯びたことはない。その意味では、彼が「三道博士」と呼ばれることは妥当ではないのかもしれない。だが、「当朝は保憲を以て陰陽の基摸と為す」とまで言われた彼は、間違いなく、暦・天文のみならず、陰陽にも優れていた。「三道博士」というのは、それゆえの美称であったろう。

そして、後世に「三道博士」と呼ばれることになった賀茂保憲は、その生前には「三道《さんどう》第一者《だいいちしゃ》」とでも呼ぶべき立場にあった。すなわち、遅くとも陰陽頭として天文博士をも兼《か》ねるようになった天徳《てんとく》四年（九六〇）以降の彼は、陰陽道第一者でありつつ、暦道第一者《れきどうだいいちしゃ》でも天文道第一者《てんもんどうだいいちしゃ》でもあったのである。

天徳四年の四月に陰陽頭として天文博士を兼ねることになった賀茂保憲は、その年の十一月までに陰陽頭の官職を辞して、陰陽寮官人としてはただの天文博士になってしまう。というのは、『日本紀略《にほんきりやく》』という史書の同年十一月四日の記事に「天文博士《てんもんはかせ》賀茂保憲《かものやすのり》」と「陰陽頭《おんみようのかみ》秦具瞻《はたのともみ》」とが並んで登場するからである。そして、右の『日本紀略』の記事において賀茂保憲の名前が秦具瞻の名前に先んじて記されていることから、保憲が具瞻よりも高い位階を有していたことが知られる。おそらく、この時点では、天文博士保憲が陰陽道第一者であり、陰陽頭具瞻が陰陽道第二者であったろう。

とすれば、前暦博士の陰陽道第一者は、当然、暦道第一者でもあったろう。また、天文博士を現職とする陰陽道第一者は、否応《いやおう》なしに天文道第一者を兼ねることになろう。そして、このような賀茂保憲の地位を端的に示す呼称としては、「三道第一者」を置いて他にはないのではないだろうか。

暦道の掌握

今、何の説明もせずに「暦道第一者《れきどうだいいちしゃ》」という言葉を使ってしまったが、平安時代中期に「暦道第一者」と呼ばれていたと考えられるのは、「暦道《れきどう》」と呼ばれた暦関係者たちの同業者集団の筆頭者である。その暦道という同業者集団は、すべての暦博士・権暦博士および前暦博士・前権暦博士を構成員として取り込んでおり、官人身分を持つ彼らのうちの位階最上位者が、暦道第一者となったのであった。

その暦道第一者の地位が賀茂保憲のものとなって以降、暦道の主導権は保憲の一族が代々に渡って掌握するところとなる。そして、そうなった背景には、当時の暦道が深刻な人材不足に見舞われていたという事情があった。

表15にも見えるように、賀茂保憲は三十五歳にもならずに暦博士に就任したが、これは、彼より上の世代に暦博士として暦を造れるだけの人材がいなかったことを意味する。もちろん、他に人材があったとしても、保憲は造暦に関して飛び抜けた能力を有していた。その証拠に、当時の太政官符《だじょうかんぷ》・宣旨《せんじ》・宣命《せんみょう》を類聚《るいじゅう》した『別聚符宣抄《べつしゅうふせんしょう》』には、暦生《れきしょう》の賀茂保憲に暦博士の大春日弘範《おおかすがのひろのり》とともに造暦《ぞうれき》にあたることを命じる天慶《てんぎょう》四年（九四一）七月

十七日付の宣旨が収められている（『別聚符宣抄』造暦宣旨）。だが、このような特命の宣旨が出されたという事実も、その頃の暦道における人材不足の深刻さを物語っていよう。

さらに、賀茂保憲の息子の賀茂光栄《みつよし》が暦道第一者となった平安中期の中盤には、人材不足から暦博士が欠員のままとなり、造暦の作業が停滞するという事態も起きていた。その頃の現役の陰陽寮官人および陰陽寮官人経験者は、前暦博士で暦道第一者の光栄を除けば、誰一人として造暦の技能を身につけていなかったのである。

藤原行成《ゆきなり》の『権記《ごんき》』によれば、こうした事態を憂慮した一条《いちじょう》天皇は、長保《ちょうほ》二年（一〇〇〇）の七月九日、賀茂光栄に彼の弟の賀茂光国《みつくに》を暦博士として養成するように指示する。しかし、表7・表8に前天文博士と見える光国は、本来、暦関係者ではない。そんな光国にさえ期待が寄せられたのは、暦道の人材が完全に枯渇《こかつ》していたためであろう。

しかも、一条天皇の判断に象徴されるように、この頃、暦博士および暦道への人材の供給は、賀茂保憲の一族のみに期待されるようになっていた。そして、この状況を巧《たく》みに利用したのが、その頃に暦道第一者の立場にあった賀茂光栄である。一条天皇からの指示に触れて「当道《とうどう》の事《こと》は、光栄《みつよし》の子息《しそく》を以《もっ》て習《なら》い継《つ》がしむべし」と答申した光栄は、勅命《ちょくめい》に背《そむ》いてまで光国の家系の暦道への参入を阻止し、自身の直系の子孫のみに暦博士という官職と暦道という同業者集団とを代々に渡って牛耳《ぎゅうじ》っていく道を拓いたのであった。

天文道からの撤退

しかし、首尾よく暦博士および暦道を掌握した賀茂保憲の一族も、天文博士という官職と天文道という同業者集団とまでを手中にすることはできなかった。一時は賀茂保憲が天文道第一者の地位にあったものの、結局、その地位も安倍晴明の一族が代々に渡って独占するところとなってしまったのである。そして、そうした事態を招いた根本的な原因は、保憲の息子として天文道に参入した賀茂光国の凡庸《ぼんよう》さにあった。

『尊卑分脈《そんぴぶんみゃく》』の賀茂氏系図は、賀茂保憲の一族が天文道から手を引くことになった経緯を、「天文《てんもん》・暦数《れきすう》を掌《つかさど》りて一家《いっか》に両道《りょうどう》を兼《か》ぬ。而《しか》るに、保憲《やすのり》は暦道《れきどう》を以《もっ》て其《そ》の子《こ》の光栄《みつよし》に伝《つた》え、天文道《てんもんどう》を以《もっ》て弟子《でし》の安倍晴明《あべのせいめい》に伝《つた》う。此《これ》より已後《いご》、両道《りょうどう》は相《あ》い分《わ》かると云々《うんぬん》」と説明する。これによれば、保憲はみずから進んで晴明に天文道の主導権を譲り渡したのであり、また、晴明の一族は保憲から譲り受けるかたちで天文道を掌握したのであった。

平親信《たいらのちかのぶ》という平安時代中期の上級貴族の日記である『親信卿記《ちかのぶきょうき》』によれば、天延《てんえん》二年（九七四）の五月十四日、賀茂保憲が堂舎を建立《こんりゅう》する地の選定のために比叡山《ひえいざん》に登ると、安倍晴明は、すでに天文博士の官職を帯びる身になっていたにもかかわらず、「子姓《こしょう》」の一人として保憲に付き従っていた。これなどは、保憲と晴明との間に師弟関係があったことの証拠であろう。また、『尊卑分脈』の安倍氏系図の言うごとくに晴明が天文得業生《てんもんとくごうしょう》の出身であったとすれば、彼は天文博士であった頃の保憲から天文を学んでいたはずである。

さらに、安倍晴明の息子の安倍吉昌《よしまさ》が天文得業生として天文博士の賀茂保憲に師事したことに関しては、まったく疑う余地がない。奈良時代および平安時代の太政官符・宣旨・宣命などを類聚した『類聚符宣抄《るいじゅうふせんしょう》』が、天文博士賀茂保憲からの申請を容《い》れて安倍吉昌を天文得業生に任命するという内容の天禄《てんろく》元年（九七〇）十一月八日付の太政官符を収録しているのである（『類聚符宣抄』第九天文得業生）。

だが、安倍晴明の一族に天文を教えたのが賀茂保憲であったとしても、彼が積極的に天文道の主導権を晴明の一族に譲り渡したとは考えにくい。

前節に見たように、賀茂保憲が天文道第一者として惟宗是邦《これむねのこれくに》を更迭《こうてつ》した後に権天文博士《ごんのてんもんはかせ》に据《す》えたのは、自身の息子の賀茂光国であった。おそらく、保憲が生前に意図していたのは、光栄に暦道を掌握させるとともに、光国には天文道を掌握させ、「天文・暦数を掌りて一家に両道を兼ぬ」という状況を末永く維持することであったろう。ところが、保憲から天文道を託された光国は、暦道を託された光栄ほどには優秀ではなく、父親の弟子である安倍晴明の一族を相手に、天文道の主導権を守り切ることができなかったのである。

ところで、賀茂保憲という官人陰陽師が陰陽師として残した最大の功績は、保憲が仕えた村上《むらかみ》天皇にしてみれば、皇室における伝家の宝刀であった護《ご》身剣《しんけん》および破敵剣《はてきけん》を復活させたことであったろう。

霊剣の再生

天徳《てんとく》四年（九六〇）の九月、村上天皇の内裏《だいり》は激しい火災に見舞われた。燃え盛る炎は内裏を構成する数々の殿舎を焼き払い、その折、温明殿《うんめいでん》に安置《あんち》されていた二振《ふたふ》りの霊剣《れいけん》までもが灰燼《かいじん》に帰《き》してしまう。「護身剣」「破敵剣」と呼ばれていた両剣は、かつて百済《くだら》から献上されて皇室に伝領されてきた破邪《はじゃ》の剣であり、その刀身には南斗六星《なんとろくせい》・北斗七星《ほくとしちせい》・四《し》神《しん》（青龍《せいりゅう》・白虎《びゃっこ》・朱雀《すざく》・玄武《げんぶ》）などの紋様《もんよう》を有していた。

その護身剣および破敵剣が焼失したというのは、村上天皇にとっても、朝廷にとっても、実にゆゆしき事態であった。そのため、賢君として知られる村上天皇は、内裏火災から間もなく、失われた二振りの霊剣を再生することを命じている。

このときに村上天皇の勅命によって霊剣再生の責任者となったのが、他ならぬ賀茂保憲であった。『左大史小槻季継記《さだいしおづきのすえつぐき》』という鎌倉時代前期の記録に「官務勘文《かんむかもん》」として収録された文書は、この件について「天徳四年《てんとくよねん》の秋《あき》、焼《や》け損《そん》じ畢《お》わんぬ。仍《よ》りて賀茂朝臣保憲《かものあそんやすのり》をして改鋳《かいちゅう》せしむ」と証言している（『左大史小槻季継記』安貞二年正月二十四日条）。

もちろん、剣そのものの製造は、鍛冶《かじ》や鋳物工《いものこう》の仕事である。しかし、「霊剣」と呼ばれる剣は、その身に強い霊力を宿さなければならない。そして、鍛冶・鋳物工が製造した剣に霊力を吹き込み、それを霊剣として完成させるには、陰陽師が呪術を行わなければならなかった。つまり、陰陽師の行う呪術こそが、霊剣再生の鍵だったのである。

そうして、護身剣および破敵剣が甦《よみがえ》ったのは、応和《おうわ》元年（九六一）の六月のことであった。内裏焼亡から数ヶ月を経ているのは、霊剣再生にふさわしい吉日が選ばれたからである。また、霊剣を甦らせるのに適した場所として選ばれたのは、平安京の北西郊に聳《そび》える愛護山《あたごさん》の神護寺《じんごじ》であった。そして、陰陽師の賀茂保憲は、鍛冶や鋳物工によって新造された剣に霊力を宿らせるべく、「五帝祭《ごていさい》」と呼ばれる呪術を行ったのであった。

このような詳細をわれわれに教えてくれるのは、現在は京都府立総合資料館が所蔵する「大刀契事《だいとけいのこと》」という文書である。これは、安倍晴明の嫡流として知られる土御門《つちみかど》家の家司《けいし》を務めた若杉《わかすぎ》家に伝わっていた文書群の一通であり、この文書には、晴明自筆の文書が書き写されたものである可能性も見込まれている。どうやら、賀茂保憲による霊剣の再生には、安倍晴明も関与していたようなのである。

とはいえ、この一件への安倍晴明の関与は、あくまで賀茂保憲の助手としてのものに過ぎなかった。右の「大刀契事」という文書によれば、このときに行われた五帝祭という呪術には、「天文博士賀茂保憲《てんもんはかせかものやすのり》」が「祝《はふり》」として関わった他、「天文得業生《てんもんとくごうしょう》安倍晴明《あべのはるあき》」と「暦得業生《れきとくごうしょう》味部好相《あじべのよしすけ》」とがそれぞれ「奉礼《ほうらい》」あるいは「祭郎《さいろう》」として関わっていた。そして、一般的に、「祝」こそが呪術の中心的な実行者であり、「奉礼」や「祭郎」は「祝」の助手であった。

奪われた功績

ところが、賀茂保憲が霊剣再生の大役を果たしてから三十数年の後、保憲の功績に関する事実は、大いに捩《ね》じ曲《ま》げられたかたちで人々に記憶されることになる。そして、それは、安倍晴明が誤った事実を積極的に吹聴《ふいちょう》して回った結果であった。

藤原宗忠《むねただ》が嘉保《かほ》元年（一〇九四）の十一月二日の『中右記《ちゅうゆうき》』の裏側に書き写した「蔵人《くろうど》信経私記《のぶつねしき》」という平安時代中期の記録によると、長徳《ちょうとく》三年（九九七）の五月二十四日、蔵人藤原信経より焼失した護身剣・破敵剣が甦ったときのことを尋ねられた安倍晴明は、自身が霊剣再生の責任者であったかのように答えたのである。晴明の言い分によれば、霊剣再生に関する勅命を受けたのは、賀茂保憲ではなく、晴明その人であった。

また、惟宗允亮《これむねのただすけ》という平安中期の明法家《みょうぼうか》も、安倍晴明が村上天皇の勅命によって護身剣・破敵剣を再生したという話を耳にしていた。『左大史小槻季継記』の安貞《あんてい》二年（一二二八）正月十一日の記事によれば、允亮が編んだ『政事要略《せいじようりやく》』の今日では失われてしまっている部分には、霊剣再生に関して「天徳《てんとく》の内裏《だいり》焼亡《しようもう》の時《とき》、陰陽師《おんみようじ》晴明《はるあき》の勅命《ちよくめい》を奉《うけたまわ》りて作《つく》り営《いとな》むの由《よし》」といったことが記されていたらしいのである。ここに登場する惟宗允亮は、先に紹介した長保《ちようほ》三年の追儺《ついな》の一件を晴明自身の口から聞いて『政事要略』に記録した人物であるから、霊剣再生に関する話も、彼は晴明本人から直接に聞かされたのかもしれない。

そして、安倍晴明が護身剣および破敵剣の再生の功績を自己のものとして吹聴した相手は、藤原信経や惟宗允亮ばかりではなかっただろう。この虚偽の手柄話がそれなりに流布《るふ》していたことは、後世の藤原宗忠や小槻季継が関心を示したことからも読み取れよう。

こうして、賀茂保憲という陰陽師は、その死後、かつての弟子の一人によって、自身が残した最大の功績の一つを横取りされてしまう。しかし、その悪辣《あくらつ》な弟子というのは、保憲と同じ世代に属する安倍晴明であったから、もし保憲と晴明との寿命が同じようなものであったならば、こんなことは起こらなかっただろう。そうした意味では、当時の陰陽師としては最高の人生を歩んだ賀茂保憲も、最後の最後で詰めが甘かったのかもしれない。

なぜ陰陽師になるのか――エピローグ

滋岳川人の式盤

『今昔物語集《こんじやくものがたりしゅう》』巻第二十四第十三の「慈岳川人《しげおかのかわひと》、地神《つちのかみ》ニ追《お》ハルル語《こと》」という話に登場する滋岳川人《しげおかのかわひと》という陰陽師は、平安時代前期に活躍した実在の人物であり、『今昔物語集』によれば、「道《みち》ニ付《つ》キテ古《いにしえ》ニモ恥《は》ヂズ、世《よ》ニ並《なら》ビ無《な》キ者《もの》」であった。そして、平安後期の『今昔物語集』が高く評価した滋岳川人は、平安中期の人々からも非常に高い評価を受けていたらしい。

平安時代中期において同時代の陰陽師としてもっとも高く評価されていたのは、陰《おん》陽《みょう》・暦《れき》・天文《てんもん》の三道に通じて「三道博士《さんどうはかせ》」とも呼ばれた賀茂保憲《かものやすのり》である。その死後半世紀にして「当朝《とうちょう》は保憲《やすのり》を以《もっ》て陰陽《おんみょう》の基摸《きぼ》と為《な》す」とまで言われた保憲は、間違いなく、当時の人々にとっての陰陽道《おんみようどう》の権威であった。その賀茂保憲に次いで高い評価を与えられたのが、本書の主人公の安倍晴明である。保憲の没後に急速に台頭した晴明は、ついには同時代人から「道《みち》の傑出者《けつしゆつしや》」「陰陽《おんみよう》の達者《たつしや》」とまで評されたのであった。

しかし、賀茂保憲にしても、安倍晴明にしても、少なくとも平安中期においては、滋岳川人に勝る名声を得ることはできなかった。当時の人々にとって、滋岳川人という前代の陰陽師は、「陰陽の基摸」や「陰陽の達者」という程度の存在ではなく、何か神懸《かみが》かり的な存在だったようなのである。現に、長元《ちようげん》元年（一〇二八）にかつて川人が使っていた式《しき》盤《ばん》の現存が確認された折などは、その式盤が「霊験《れいげん》の物《もの》」あるいは「止《や》むごと無《な》しの霊《れい》物《ぶつ》」として扱われたという。

「式盤」と呼ばれるのは陰陽師が使った卜占《ぼくせん》の道具であるが、源経頼《みなもとのつねより》の『左経記《さけいき》』によれば、長元元年の四月五日、「霊験の物」として一度は関白藤原頼通《ふじわらのよりみち》のもとへと運ばれた滋岳川人の式盤は、結局、頼通の判断により、陰陽頭惟宗文高《おんみようのかみこれむねのふみたか》のもとで保管されることになる。その際、関白頼通が陰陽頭文高に厳命したのは、件《くだん》の式盤を「止むごと無しの霊物」として扱って自宅に丁重に「安置《あんち》し奉《たてまつ》る」ことであった。

こうした態度からも、平安中期の人々が滋岳川人という陰陽師をある種の超人として捉えていたことは明らかであろう。そして、当時の人々の川人に対する態度は、平安後期以降の人々の安倍晴明に対するそれに似ている。平安時代後期――その頃には、晴明が一人の人間として生きたという当たり前の事実を直接に知る人々は、すでにすべて死に絶えていただろう――に入ると、晴明もまた、ある種の超人として扱われるようになるのである。

文道光の孫

ところで、以前に陰陽頭惟宗文高より聞いた話として源経頼が長元元年四月五日の『左経記』に書き留めたところによれば、例の滋岳川人の式盤のもともとの保有者は、文道光《ふみのみちみつ》という人物であった。その道光というのは、表5より陰陽《おんみよう》博士《はかせ》を経験していたことが知られる陰陽寮《おんみようりよう》官人経験者であり、また、表6に安倍晴明の前の陰陽道第一者《おんみようどうだいいちしや》として登場する官人陰陽師である。そして、件の式盤は、その文道光によって「常《つね》に家中《かちゆう》に安置《あんち》し奉《たてまつ》る」という状態に置かれていたのであった。

しかし、惟宗文高が源経頼に語ったところでは、文道光が没した後、例の式盤はしばらくその行方が判然としなくなってしまっていたらしい。

その後、朝廷が手を尽くして探したところ、その式盤が二条大路《にじようおおじ》と猪熊小路《いのくまこうじ》とに近いところにある「小宅《こいえ》」に保管されていることが判明する。そして、その「小宅」の主が言うには、「止むごと無しの霊物」である式盤を「小宅」と呼ばれるような粗末な家宅の主に預けたのは、故文道光の孫にあたる文明任《あきとう》という人物であった。

おそらく、文道光が死んだ後も、滋岳川人の式盤は、しばらくは道光の家系によって保管されていたのであろう。しかし、道光の家系の人々は、それを保管してはいても、それによって卜占を行うことはなかったに違いない。だからこそ、ついには貴重な式盤を他人に預けるようなことをしたのではないだろうか。

現に、文道光の孫として例の「小宅」に式盤を預けた文明任は、その頃、内舎人《うどねり》として朝廷に仕えていた。また、表5から表11までの諸表が示すように、現存する記録や文書からでは、文道光以降に文氏から官人陰陽師が出たことは確認できない。文道光の子孫には、陰陽師になる者が誰もいなかったのである。

文道光の出身氏族である文氏は、道光自身が活躍した平安時代中期の序盤には、陰陽寮における有力氏族の一つであった。表16に見えるように、同氏は文房満《ふさみつ》・文武兼《たけかね》の二人もの陰陽頭を出していたのである。また、その頃ならば陰陽頭はそのまま陰陽道第一者でもあったから、当時の文氏は、陰陽道という官人陰陽師の同業者集団における有力氏族でもあったろう。

しかし、その文氏も、平安中期中盤に陰陽道第一者となった文道光を最後に、官人陰陽

表16　安倍晴明以前の陰陽寮官人

陰陽頭	陰陽助	陰陽博士	所見年月	典拠
文房満	滋岳惟良		延喜17年(917) 11月	平戸記
	山村繁生		同	平戸記
藤原晴見			承平元年(931) 9月	吏部王記
	出雲惟香		天慶元年(938) 11月	本朝世紀
	文武兼		同	本朝世紀
文武兼			同 8年(945) 正月	九暦
	秦連茂		天暦4年(950) ⑤月	九暦
	平野茂樹		同 6月	九暦
平野茂樹			同 8年(954) 8月	村上天皇御記
賀茂保憲			天徳元年(957) 8月	九暦
秦具瞻			同 4年(960) 11月	日本紀略
		文道光	安和2年(969) 6月	日本紀略
暦博士	**天文博士**	**漏剋博士**	**所見年月**	**典拠**
葛木宗公			延喜17年(917) 11月	平戸記
大春日弘範			同	平戸記
葛木茂経			承平6年(936) 10月	日本紀略
		秦具瞻	天慶元年(938) 7月	本朝世紀
賀茂保憲			天暦4年(950) 某月	北山抄
大春日益満			同	北山抄
	賀茂保憲		天徳4年(960) 4月	扶桑略記
陰陽允	**陰陽属**	**陰陽師**	**所見年月**	**典拠**
秦春材		秦連茂	天慶元年(938) 7月	本朝世紀
		秦貞連	同	本朝世紀
	平野茂樹		同 11月	本朝世紀
	大中臣嘉直		同	本朝世紀
平野茂樹			同 8年(945) 2月	吏部王記
中原善益	秦春連	布留満樹	天暦6年(952) 6月	朝野群載
	賀茂保遠		康保元年(964) 7月	西宮記

注　○内の数字は閏月を示す。

師を出すことはなくなってしまう。安倍晴明の前の陰陽道第一者であった道光こそが、文氏出身の官人陰陽師の最後の一人となってしまったのである。

だが、安倍晴明の登場と前後して陰陽寮および陰陽道から撤退していった氏族は、右に見た文氏だけではなかった。

再編される陰陽道

前掲の表16として整理したのは、安倍晴明が登場する以前に活躍した平安時代中期の官人陰陽師たちの顔ぶれである。そして、その表16を表5から表11までの諸表と見比べてみるならば、安倍晴明が陰陽師として登場した前後に官人陰陽師の出身氏族が大きく入れ替わっていることに気づかされよう。

延喜《えんぎ》年間に陰陽助《おんみようのすけ》を務めた滋岳惟良《しげおかのこれよし》というのは、おそらく、先に平安時代前期の陰陽師として紹介した滋岳川人の親族であろうが、この惟良は滋岳氏出身の官人陰陽師として史料上に確認できる最後の一人となる。また、その他の陰陽頭や陰陽助を出した氏族について言えば、藤原晴見《はるみ》の藤原氏・平野茂樹《ひらののしげき》の平野氏・山村繁生《やまむらのしげお》の山村氏・出雲惟香《いずものこれか》の出雲氏なども、安倍晴明が陰陽道第一者となる頃までにまったく官人陰陽師を出さなくなってしまう。

さらに、葛木宗公《かつらぎのむねきみ》・葛木茂経《しげつね》の二人の暦博士《れきはかせ》を出した葛木氏は、安倍晴明が登場する少し前に陰陽寮から姿を消し、大春日弘範《おおかすがのひろのり》・大春日益満《ますみつ》の両名の暦博士を出した大春日氏も、表7の長徳年間に大春日栄種《よしたね》が暦博士を務めたことが確認されるものの、表8の寛弘《かんこう》年間までには完全に陰陽寮官人を出さなくなっている。

こうして、平安時代中期の序盤に陰陽寮および陰陽道における有力氏族の位置にあった諸氏族のほとんどは、安倍晴明が陰陽師として活動した頃に、陰陽寮および陰陽道から次々と撤退していった。結局、平安中期序盤に陰陽寮や陰陽道を勢力圏としていた諸氏族のうち、平安中期中盤以降にも官人陰陽師を出す氏族として生き残ったのは、新参者の賀茂氏を別とすれば、後に惟宗氏を名乗るようになる秦《はた》氏だけであった。どうやら、安倍晴明が参入した時期の陰陽道においては、大規模な再編が進行していたらしい。

第一の答え

もちろん、表16に見える諸氏族が陰陽寮および陰陽道から撤退した時期が安倍晴明の登場した時期と重なるからといって、晴明が陰陽寮や陰陽道から右の諸氏族を駆逐したというわけではない。二つの時期が重なったのは、単なる偶然であろう。そして、今のところは、あまりにも手がかりが乏しく、諸氏族が陰陽寮や陰陽道から撤退した理由を明らかにすることは難しい。

ただ、その理由の一つとして、それぞれの氏族が人材不足に悩まされていたことを挙げてもいいだろう。表16に登場する諸氏族の中で平安時代中期の中盤より後まで陰陽寮や陰陽道に生き残った唯一の氏族である惟宗（秦）氏でさえ、すでに見たように、平安中期中盤にはひどい人材不足に見舞われるのである。惟宗（秦）氏以外の諸氏族では、これと同様の事態が、より早い時期により深刻なかたちで発生していたのかもしれない。

いずれにせよ、平安時代中期の序盤に陰陽寮や陰陽道を縄張りとしていた諸氏族が陰陽寮や陰陽道から撤退したことは、結果的に、安倍晴明が陰陽寮および陰陽道において台頭する背景となった。すなわち、陰陽寮や陰陽道とは関係のない氏族から出た晴明などがついには陰陽道第一者の地位を手にすることになったのは、それを阻《はば》むだけの旧勢力が陰陽寮にも陰陽道にも存在していなかったためだったのである。

また、その頃の陰陽寮および陰陽道における唯一の旧勢力であった惟宗（秦）氏が安倍晴明の台頭を許してしまったのは、すでに見たように、同氏にはそれができるだけの優秀な人材がいなかったためであろう。当時の惟宗（秦）氏が惟宗是邦《これくに》や惟宗孝親《たかちか》のような凡《ぼん》庸《よう》な官人陰陽師ばかりを出したため、もともと優秀であった安倍晴明などは、わりと容易かつ順調に陰陽寮および陰陽道において自身の地歩を固めることができたに違いない。

このように考えるならば、安倍晴明が陰陽師となった背景として、当時の陰陽寮および陰陽道における人材不足を想定することができるのではないだろうか。人材不足に陥《おちい》っていた当時の陰陽寮や陰陽道が新しい人材を求めていたとすれば、陰陽寮とも陰陽道とも関係のない氏族から出た安倍晴明のような者が陰陽師を志すこともあったはずである。

そこで、本書の主題である〈なぜ安倍晴明は陰陽師になったのか〉という問いに対して、まずは〈なりやすかったから〉と答えておくことにしたい。

惟宗文高の私寺

ところで、関白藤原頼通より滋岳川人の式盤の保管を命じられた惟宗文高という官人陰陽師は、寺院を私的に所有していた。寛仁《かんにん》二年（一〇一八）の五月二十六日の『小右記《しようゆうき》』より、藤原実資《さねすけ》が「中御門《なかみかど》の末《すえ》」に位置する「陰陽頭《おんみようのかみ》文高宿禰《ふみたかすくね》の寺《てら》」を見学したことが知られるのである。しかも、その寺院を見た実資が「随分《ずいぶん》の勤《つと》め、尤《もつと》も感《かん》ずべき也《なり》」との所感を日記に書き残していることからすると、文高の営む私寺は、かなり立派なものであったらしい。

なお、官人陰陽師が寺院を私有しているというのは、平安時代中期においては、珍しいことではあっても、訝《いぶか》しいことではない。平安時代の官人陰陽師というのは、普通、現代風に言うところの「仏教徒」だったのである。

日本の宗教史を専門とする研究者の少なくとも一部さえもが誤解をしているものの、この時代の陰陽師というのは、けっして「宗教者」や「宗教家」などと呼ばれる類の存在ではない。彼らは、むしろ、「職人」として理解されるべき存在であった。あくまで〈ト占・呪術・禁忌《きんき》管理を職能とする職人〉だったのである。

そして、平安時代の官人陰陽師たちは、同じ時代に生きた貴族層の人々の大多数と同様に、仏の教えにすがる仏教徒であった。長和《ちょうわ》元年（一〇一二）の五月十七日の『小右記』から、陰陽道第一者の賀茂光栄《みつよし》が皇太后藤原彰子《あきこ》の主催する法華八講《ほっけはっこう》に参会していたことが知られるごとくである。また、その光栄の玄孫にあたる賀茂家栄《いえよし》などは、陰陽頭や暦博士を歴任した官人陰陽師であったが、『後拾遺往生伝《ごしゅういおうじょうでん》』に往生者としての伝が残るほどに熱心な仏教徒であった。

したがって、経済的に余裕のある人々の間で私的に寺院を営むことが一般化していた当時としては、官人陰陽師の誰かが私寺を所有していたとしても、そこに宗教や信仰といったものに関わる矛盾はなかったことになる。貴族層に属する富裕者の多くが往生《おうじょう》や来迎《らいごう》を願って寺院や堂などを建立《こんりゅう》したように、官人陰陽師——彼らは貴族層の一員である——が寺院を営んだのも、一人の仏教徒として来世《らいせ》の安泰を願ってのことに他なるまい。

しかし、陰陽頭惟宗文高が私寺を持っていたという事実に関連して、文高に寺院を営み得るほどの経済力があったという点については、一定の驚きを示してもいいだろう。

陰陽頭の経済力

平安時代中期における寺院建立の費用がどれほどのものであったかはわからない。だが、私的に寺院を営むとなれば、最初の建設費を調達するだけではなく、そこに常住する僧侶の生活費や寺院そのものの維持費などを支出し続けなければならなかった。つまり、けっして少なくはないであろう運営費を工面し続けることができなければ、私寺を持つことなどはできなかったはずなのである。

そして、惟宗文高という官人陰陽師が私的に営んでいたのは、上級貴族の藤原実資さえもが「随分の勤め、尤も感ずべき也」と感心するほどの寺院であった。とすると、陰陽頭惟宗文高は、かなり裕福な中級貴族だったのだろう。

ここで文高の官歴を整理した表12に眼をやるならば、実資が文高の私寺を見学した寛仁二年を間に挟む十五年以上もの期間、文高が陰陽博士あるいは権陰陽博士の官職に在任し続けていたことが知られる。陰陽頭に補された後も、彼は陰陽頭との兼官《けんかん》で陰陽博士の官職を帯び続けていたのである。

すでに述べたように、中級以下の官人たちの俸給に関する規定が有名無実化していた当時においても、諸博士の官職にある中級官人は制度的に位禄《いろく》の支給を保障されていた。つまり、その頃の文高は、陰陽博士を兼ねることにより、一定の収入を確保していたのである。しかも、四位官人や五位官人の俸給というのは、諸博士への支給が保障された位禄だけでも、当時の庶民層の人々の生活水準からすれば、途方もないものであった。

また、表12からは、陰陽頭となって以降の惟宗文高がしばしば国司に補されていたことも知られよう。陰陽頭との兼官であった長門介《ながとのすけ》・備中権介《びっちゅうごんのすけ》・土佐権守《とさごんのかみ》などのことである。おそらくは、これらは任国に下ることのない遥任国司《ようにんこくし》として補されたものであったろうが、しかし、すでに触れたように、遥任国司たちでも、受領国司《ずりょうこくし》を通じて任国から少なからぬ収入を得ることができたのであった。

それにしても、惟宗文高の場合、陰陽頭に数年間ほど在任した後、急に矢継ぎ早に遥任国司に補されるようになったように見える。もしかすると、在任期間が一定以上になった陰陽頭は、優先的に遥任国司の官職を与えられるような制度なり慣例なりがあったのかもしれない。

大中臣実光の遺産

平安時代中期に陰陽頭を務めた官人陰陽師の経済力を知ろうとするならば、やはり、「大中臣為政解《おおなかとみのためまさげ》」として知られる文書にも眼を通しておくべきだろう。それは、九条《くじょう》家本『延喜式《えんぎしき》』の料紙となったことで現代にまで生き延びた文書群の一通であり、表11に陰陽頭として見える大中臣実光《おおなかとみのさねみつ》の死後、その息子の大中臣為政《ためまさ》が検非違使庁《けびいしちょう》に提出したものである（『平安遺文』五四五号）。

長元《ちょうげん》八年（一〇三五）の十月二日の日付を持つ「大中臣為政解」によれば、大中臣実光の死後、実光の息子の大中臣為政・為政の息子の大中臣国政《くにまさ》・実光の後妻の某女（為政や国政とは血縁関係がない）の三者の間で、実光の遺産をめぐる争いが起きていた。その際、国政は自分が実光の養子であることを主張したというから、この争いにおいては、実子・養子・後妻が遺産を奪い合っていたと見ていいだろう。

ここで三者が相続権を主張し合った故陰陽頭大中臣実光の遺産には、三つの屋舎を備えた一戸主《いちへぬし》半の土地の他、少なくとも二〇〇疋《ぴき》の絹・一〇〇端《たん》の手作布・一〇〇両ほどの銀などが含まれていた。残念ながら、当時の土地や銀の相場はわからないが、絹および布は、延喜主税式《えんぎしゅぜいしき》所載の禄物価法《ろくもつかほう》に従って米に換算した場合、絹一疋が米一・五石《こく》に相当し、布一端が米〇・七五石に相当する。したがって、実光の遺産は、その一部に過ぎない絹二〇〇疋と布一〇〇端とだけでも、米にして三七五石もの価値があったことになろう。これは、当時の五十二人から一〇四人の一般労働者の年収に匹敵する。

右に紹介した大中臣実光については、その官歴さえも詳しくはわかっておらず、実光がどうやって遺族を諍《いさか》わせるほどの財産を築き得たかを知ることはできない。だが、陰陽頭の任にあった彼は、やはり、先に見た惟宗文高と同じような状況において財を成したのではないだろうか。

そして、そうだとすれば、陰陽寮の長官である陰陽頭は、平安中期中盤以降は陰陽寮における主導権を陰陽道第一者に奪われてしまっていたとはいえ、まだまだ多くの官人陰陽師たちが羨望《せんぼう》する官職であったろう。少なくとも平安時代中期には、陰陽頭を務めるほどの官人陰陽師になりさえすれば、それなりに「平安貴族」らしい生活を送ることができたに違いない。

第二の答え

しかし、陰陽頭にまで昇任せずとも、平安時代中期の陰陽寮官人というのは、そこそこには暮らしを立てていけるものだったのかもしれない。

すでに紹介したように、平安時代後期頃のものと思《おぼ》しき摂津国《せっつのくに》の租税台帳《そぜいだいちょう》の一部が、「摂津国租帳《せっつのくにそちょう》」として現代に伝わっているが、この「摂津国租帳」からは、摂津国嶋上《しまのかみ》郡《ぐん》に「陰陽寮田伍町《おんみようりようでんごちよう》」が存在していたことが知られる(『平安遺文』補四六号)。おそらく、この田地は、平安後期の陰陽寮の独自の財源の一つであったろう。

もちろん、こうした「陰陽寮田伍町」のような田地が平安中期にも存在していたかどうかは定かではない。また、平安時代の五町というと、一〇〇石足らずの収益が期待できる程度の田地に過ぎない。しかし、「陰陽寮田」と呼ばれるような陰陽寮の財源となる田地が、平安中期の諸国に散在していたとすれば、当時の陰陽寮官人たちは、それなりに収入を保障されることになったのではないだろうか。当然のことながら、その場合には、陰陽允・陰陽属・令制陰陽師なども収入の保障を得られたことだろう。

だが、平安中期には陰陽寮官人たちの収入を保障する「陰陽寮田」などがなかったとしても、当時の官人陰陽師たちは、それぞれが身につけた陰陽師としての技能によって、そこそこの収入を得ることが可能であった。

すでに見たごとく、藤原実資の家人《けにん》であった中原恒盛《なかはらのつねもり》などは、その卜占の技量を評価されて、しばしば主家《しゆか》の実資から軽くはない褒美《ほうび》を与えられていた。無論、恒盛は、実資やその親族のための呪術を行ったときにも、その度《たび》に何らかの報酬を得ていたことだろう。そして、そうした報酬によっても、官人陰陽師たちは生計を立てることができたはずである。

さらに、暦得業生《れきとくごうしょう》や天文得業生《てんもんとくごうしょう》を経て陰陽寮官職に就いた官人陰陽師たちには、本来は暦や天文のために学んだ算術を生かして、受領国司の目代《もくだい》を務めるという選択肢もあった。そして、受領国司の目代として地方に下った場合には、その地において都にいたとき以上の暮らしを手に入れることもあり得たのである。現に、平安時代中期の陰陽寮官人の幾人かは、受領国司とともに下向した後、そのまま地方に定着してしまっていた。

おそらく、平安時代中期に中級官人や下級官人の家に生まれた人々にしてみれば、とにかく生計を立てることを目標とした場合、官人陰陽師を志すというのは、そう悪くない選択であったろう。官人陰陽師になることは、さまざまな意味の収入につながったのである。とすれば、〈なぜ安倍晴明は陰陽師になったのか〉という問いに対しては、〈生計を立てることができそうだったから〉とも答えなくてはならないだろう。

安倍晴明の弟子入り

『今昔物語集』巻第二十四第十六の「安倍晴明《あべのせいめい》、忠行《ただゆき》ニ随《したが》ヒテ道《みち》ヲ習《なら》フ語《こと》」という話によると、「天文博士《てんもんはかせ》安倍晴明《あべのせいめい》ト云《い》フ陰陽師《おんみようじ》」は、「幼《ちご》ノ時《とき》、賀茂忠行《かものただゆき》ト云《い》ヒケル陰陽師《おんみようじ》ニ随《したが》ヒテ、昼夜《ひるよる》ニ此《こ》ノ道《みち》ヲ習《なら》ヒケル」という環境で育成されたらしい。そして、晴明が「公《おおやけ》・私《わたくし》ニ仕《つか》ハレテ糸止《いとや》ム事無《ごとな》カリケリ」と言われるほどの陰陽師になったのは、「晴明《せいめい》ヲ去《さ》リ難《がた》ク思《おも》」うようになった忠行が、「此《こ》ノ道《みち》ヲ教《おし》フル事《こと》、瓶《かめ》ノ水《みず》ヲ写《うつ》スガ如《ごと》シ」という密度の高い教育を施したためであった。

つまり、平安時代後期に成立した『今昔物語集』によれば、安倍晴明が陰陽師の世界に足を踏み入れた契機は、少年の頃に賀茂忠行《かものただゆき》という陰陽師の弟子となったことにあったのである。そして、ここに言われていることが史実であると仮定するならば、まだ少年であった晴明が陰陽師となることを決めたのは、当時、陰陽師には〈なりやすかったから〉であろうし、また、陰陽師ならば〈生計を立てることができそうだったから〉であろう。

ところが、鎌倉時代前期に編まれた『続古事談《ぞくこじだん》』という説話集の収める一話によれば、安倍晴明が陰陽師を志したのは、すでに大舎人《おおとねり》として朝廷に仕えるようになって以後のことであった。

すなわち、たまたま勢多橋《せたばし》にて茲光《じこう》という相人《そうにん》に遭遇した大舎人晴明は、その茲光より「一道《いちどう》ノ達者《たつしゃ》」になるはずの相《そう》をしていることを告げられ、そのまま陰陽師を志したというのである。ただし、そのときに晴明が最初に師として選んだのは、賀茂忠行ではなく、秦《はた》氏の秦具瞻《ともみ》であった。そして、具瞻に弟子入りを拒否された晴明が新たに師として選んだのも、賀茂忠行ではなかった。『続古事談』の晴明は、忠行の息子の賀茂保憲《やすのり》に師事することを選んだのであり、今度は丁重に弟子入りを認められたのであった（『続古事談』第五諸道）。

この話では、非常に興味深いことに、安倍晴明は迷うことなくみずから陰陽師となることを選んでいる。茲光は漠然と「一道ノ達者」の相を指摘しただけであるにもかかわらずである。そして、もし『続古事談』の所説が史実を伝えているのだとすれば、ここで晴明自身が陰陽師として「一道ノ達者」を目指そうと考えたのは、やはり、当時の陰陽師をめぐっては〈なりやすかったから〉〈生計を立てることができそうだったから〉といった事情があったためなのではないだろうか。

常識的な結論

さて、本書においては、〈なぜ安倍晴明は陰陽師になったのか〉という非常に基本的な問いに対する答えを見つけるべく、まずは〈陰陽師とは何か〉〈誰が陰陽師だったのか〉〈陰陽師はどう生きたか〉といったことを検討してみた。そして、その成果をもとに、最後は〈なぜ陰陽師になるのか〉ということを考えたのだが、その結果として見出した二つの答えは、〈なりやすかったから〉そして〈生計を立てることができそうだったから〉という、実に常識的なものであった。

しかし、基本的な問いに対しては、やはり、常識的な答えが見つかるものなのかもしれない。現に、本書の出した答えは、つまらなくはあっても、間違ってはいないだろう。そして、少なくとも現時点では、本書が出した以上の答えを期待するのは少し難しいのではないだろうか。

また、本書においては、右の二つの常識的な答えを出すためにも、しかるべき史料を手がかりとして筋道の通った説明をしてきたつもりである。けっして、ただ単に通説や俗説に寄りかかったかたちで常識的な判断を働かせただけではない。だからこそ、本書は、幾つかの通説の抱える問題点を指摘することになったのである。

そして、常識的な二つの答えに到る筋道を立てることを目的に、本書がかなり深く掘り下げるかたちで取り上げた〈陰陽師とは何か〉〈誰が陰陽師だったのか〉〈陰陽師はどう生きたか〉といった問題群は、そのいずれもが、これまでは表面的にしか問題にされたことのないものであった。そうした意味では、本書においてより重要であるのは、最後に出した結論ではなく、結論に到る過程の方かもしれない。

あとがき

少し気恥ずかしい話なのですが、ある時期、平安時代の陰陽師《おんみょうじ》を主人公にした小説を書きたいと考えていました。といっても、その小説の主人公は、かの安倍晴明《あべのせいめい》ではありません。その頃にはすでに夢枕獏《ゆめまくらばく》氏の『陰陽師《おんみょうじ》』が好評を博していましたので、二番煎じ《にばんせん》になることを避けたかった私は、安倍晴明ではなく、その息子の安倍吉平《あべのよしひら》に眼を着けていたのです。

自身も優秀な陰陽師でありながら、希代の達人を父親に持つがゆえに気苦労の絶えない二代目――私の小説では、安倍吉平はそんな人物になるはずでした。そして、こんな気の毒な二代目の物語ですから、その小説はそうそう派手なものにはなろうはずがなかったのです。もしかしたら、平安貴族社会を舞台にした人情物になっていたかもしれません。

ついでに言うと、その幻の小説では、主人公の傍《かたわ》らには常に一匹の黒猫がいることになるはずでした。その猫は言葉を話しますが、その言葉は吉平にしか聞こえません。そして、ただ吉平だけが理解するという黒猫の言葉は、すでに亡くなったはずの父親の言葉なのです。そう、件の黒猫は、実は、安倍晴明の魂を宿した猫だったのです。

こんな妄想のような構想を練っていたのは、もう十年以上も前のことです。その頃の私は、宗教史を専攻する大学院生でしたが、史実を背景としたリアリティのある小説を書こうと誓っていました。当時、夢枕氏の『陰陽師』を相当に強く意識していたからです。

しかしながら、いまだに小説は一行たりとも書いていません。これまでのところ、きちんと書きはじめようと思ったこともありません。どうやら、リアリティのある小説を書くための下調べをしているうち、その下調べの方がおもしろくなってしまったようなのです。

それでも、もし今の私が平安時代の陰陽師を主人公とする小説を書いたとしたら、そして、私に物語を紡《つむ》ぎ出す才能があったとしたら、かなりのリアリティを追求することが可能かもしれません。そのための下調べに十年を超す歳月を費やしてきたわけですから。

ただ、平安時代の陰陽師たちは、あまり小説の主人公には向いていないように思います。本書からおわかりいただけるように、平安時代の官人陰陽師たちは、ロマンティックな感もある陰陽師である以前に、あの手この手で貴族としての生活を確保しようとする中級官人や下級官人だったのです。その姿は、いじましさを漂わせ、どうかすると泥臭くささえありますそんな彼らを主人公に据えた小説は、さぞかし憂鬱《ゆううつ》なものになることでしょう。あるいは、かなり滑稽《こっけい》なものにもなり得ましょうか。

いずれにせよ、安倍吉平には申し訳ないのですが、まだ彼の物語が書きはじめられるべきときではありません。どうも、彼や彼の同業者たちについては、まだまだ調べるべきことがたくさん残っているように思われるのです。ですから、今の時点では、いつになったら役に立つのかわからない下調べに全力を尽くしたいと考えています。

そして、そんな思惑《おもわく》を隠し持っていた私などに歴史文化ライブラリーの一冊を執筆する機会を与えてくださったのですから、吉川弘文館には深く感謝しなければなりません。また、前途不明の研究を支え続けてくれている妻にも、心からの感謝の気持ちを伝えたいと思います。この「あとがき」には少なからず驚くかもしれないけれど、いつもありがとう。

二〇〇六年三月十三日

繁田信一

主要参考文献・主要史料

主要参考文献（副題・初出省略）

一、陰陽師および陰陽道に関するもの（単行本のみを掲示）

小坂眞二『安倍晴明撰『占事略決』と陰陽道』（二〇〇五年、汲古書院）
斎藤英喜『安倍晴明』（二〇〇四年、ミネルヴァ書房）
繁田信一『陰陽師と貴族社会』（二〇〇四年、吉川弘文館）
繁田信一『平安貴族と陰陽師』（二〇〇五年、吉川弘文館）
繁田信一『陰陽師』（二〇〇六年、中央公論新社）
繁田信一『呪いの都 平安京』（二〇〇六年、吉川弘文館）
鈴木一馨『陰陽道』（二〇〇二年、講談社）
田中貴子『安倍晴明の一千年』（二〇〇三年、講談社）
中村璋八『日本陰陽道書の研究』（一九八五年、汲古書院）
速水侑『平安貴族社会と仏教』（一九七五年、吉川弘文館）
村山修一『日本陰陽道史総説』（一九八一年、塙書房）
村山修一『日本陰陽道史話』（一九八六年、大阪書籍）

山下克明『平安時代の宗教文化と陰陽道』（一九九六年、岩田書院）

二、平安時代および平安貴族社会に関するもの（単行本のみを掲示）

阿部猛『平安貴族の実像』（一九九三年、東京堂出版）
大津透『道長と宮廷社会』（二〇〇一年、講談社）
黒板伸夫『平安王朝の宮廷社会』（一九九五年、吉川弘文館）
坂上康俊『律令国家の転換と「日本」』（二〇〇一年、講談社）
坂本賞三『藤原頼通の時代』（一九九一年、平凡社）
玉井力『平安時代の貴族と天皇』（二〇〇〇年、岩波書店）
橋本義彦『平安貴族社会の研究』（一九七六年、吉川弘文館）
橋本義彦『平安貴族』（一九八六年、平凡社）
村井康彦『古代国家解体過程の研究』（一九六五年、岩波書店）
渡辺直彦『日本古代官位制度の基礎的研究』（一九七二年、吉川弘文館）

主要史料

『小右記』（大日本古記録）
『御堂関白記』（大日本古記録）
『権記』（史料纂集・増補史料大成）

『左経記』（増補史料大成）
『西宮記』（神道大系）
『政事要略』（新訂増補国史大系）
『朝野群載』（新訂増補国史大系）
『類聚符宣抄』（新訂増補国史大系）
『別聚符宣抄』（新訂増補国史大系）
『本朝世紀』（新訂増補国史大系）
『日本紀略』（新訂増補国史大系）
『尊卑分脈』（新訂増補国史大系）
『除目大成抄』（吉田早苗校訂『大間成文抄』、一九九六年、吉川弘文館）
『枕草子』（日本古典文学大系）
『紫式部集』（新潮日本古典集成）
『今昔物語集』（新日本古典文学大系）
『宇治拾遺物語』（新日本古典文学大系）
『古今著聞集』（日本古典文学大系）

＊　なお、本書での漢文史料の引用にあたっては、一部の漢字を旧字から俗字に改め、筆者の責任において全文を現代仮名遣いの読み下し文とした。

著者紹介

一九六八年、東京都に生まれる
一九九七年、東北大学大学院文学研究科博士課程後期単位取得退学
二〇〇三年、神奈川大学大学院歴史民俗資料学研究科博士後期課程修了　博士(歴史民俗資料学)
現在、神奈川大学日本常民文化研究所特別研究員

主要著書
陰陽師と貴族社会　平安貴族と陰陽師　陰陽師――安倍晴明と蘆屋道満――

歴史文化ライブラリー
215

安倍晴明
陰陽師たちの平安時代

二〇〇六年(平成十八)八月一日　第一刷発行

著　者　繁《しげ》田《た》信《しん》一《いち》

発行者　前田求恭

発行所　株式会社 吉川弘文館
東京都文京区本郷七丁目二番八号
郵便番号一一三―〇〇三三
電話〇三―三八一三―九一五一〈代表〉
振替口座〇〇一〇〇―五―二四四
http://www.yoshikawa-k.co.jp/

印刷＝株式会社 平文社
製本＝ナショナル製本協同組合
装幀＝山崎　登

歴史文化ライブラリー

1996.10

刊行のことば

現今の日本および国際社会は、さまざまな面で大変動の時代を迎えておりますが、近づきつつある二十一世紀は人類史の到達点として、物質的な繁栄のみならず文化や自然・社会環境を謳歌できる平和な社会でなければなりません。しかしながら高度成長・技術革新にともなう急激な変貌は「自己本位な刹那主義」の風潮を生みだし、先人が築いてきた歴史や文化に学ぶ余裕もなく、いまだ明るい人類の将来が展望できていないようにも見えます。このような状況を踏まえ、よりよい二十一世紀社会を築くために、人類誕生から現在に至る「人類の遺産・教訓」としてのあらゆる分野の歴史と文化を「歴史文化ライブラリー」として刊行することといたしました。

小社は、安政四年（一八五七）の創業以来、一貫して歴史学を中心とした専門出版社として書籍を刊行しつづけてまいりました。その経験を生かし、学問成果にもとづいた本叢書を刊行し社会的要請に応えて行きたいと考えております。

現代は、マスメディアが発達した高度情報化社会といわれますが、私どもはあくまでも活字を主体とした出版こそ、ものの本質を考える基礎と信じ、本叢書をとおして社会に訴えてまいりたいと思います。これから生まれでる一冊一冊が、それぞれの読者を知的冒険の旅へと誘い、希望に満ちた人類の未来を構築する糧となれば幸いです。

吉川弘文館

〈オンデマンド版〉
安倍晴明
陰陽師たちの平安時代

歴史文化ライブラリー
215

2022年（令和4）10月1日　発行

著　者　繁《しげ》田《た》信《しん》一《いち》
発行者　吉川道郎
発行所　株式会社　吉川弘文館
〒113-0033　東京都文京区本郷7丁目2番8号
TEL　03-3813-9151〈代表〉
URL　http://www.yoshikawa-k.co.jp/

印刷・製本　大日本印刷株式会社
装　幀　清水良洋・宮崎萌美

繁田信一（1968～）

ISBN978-4-642-75615-0